ケイスメソッド

民法 I 総則

上條 醇　舘 幸嗣　大窪久代
湯川益英　工藤 農

不磨書房

〔執筆分担〕

上條　醇（山梨学院大学教授）　　No. 1 〜 No. 3,
　　　　　　　　　　　　　　　　No. 18 〜 No. 25

舘　幸嗣（中央学院大学教授）　　No. 4 〜 No. 11

大窪久代（近畿大学短期大学部助教授）　No. 12 〜 No. 17,
　　　　　　　　　　　　　　　　　　　No. 37 〜 No. 38

湯川益英（山梨学院大学法科大学院
　　　　　法務研究科教授）　　　No. 26 〜 No. 31,
　　　　　　　　　　　　　　　　No. 39 〜 No. 41

工藤農（東北福祉大学教授）　　　No. 32 〜 No. 36,
　　　　　　　　　　　　　　　　No. 42 〜 No. 46

〔執筆順〕

はしがき

　世の中に民法の教科書はたくさんあって，それこそ売るほどあるのに，あえてここで新しい教科書を出版する意味は何かと世の人々は問うに違いない。教科書は，それぞれ多様な目的を持って編集されるものであるから，基本的には，数多くあってもよいと思う。

　本書には，「ケイスメソッド 民法Ⅰ」という名称をつけた。ケイスメソッドとは，具体的な事例を取り上げてその解決を試み，そこからさまざまな原理を導き出すという手法をいう。したがって，まずケイスを取り上げ，本文を読み進むうちにその解決方法がわかる仕組みになっている。『ケイスメソッド 民法Ⅰ 総則』の受講者は，初学者が多いので，なるべく平易にわかりやすく，しかもレベルを落とすことなく書く努力をしたつもりであるが，それでもまだ難解な部分も多くみられる。初学者の方々は，難解な部分はやりすごして，とにかく最後まで読み進んでほしい。何回も読むうちに難解でなくなるはずである。

　本書は，CASE，本文解説，Step up，Practice という構成になっている。Step up はすこし高度な内容になっているから，はじめはわからなくてもよいと思う。Practice は比較的平易な練習問題で，法学検定試験の3級・4級を意識している。このように各講毎で完結する構成となっているから，部分的な利用も可能である。

　ケイスメソッドという名称ゆえに判例の見解を中心に書かれているというイメージが先行してしまうかもしれないが，むしろ学説の見解を重視して書いている。学説があって判例がそれに続くという認識を忘れないでほしい。

　刊行については，不磨書房の稲葉文彦さんには大変お世話になった。執筆者一同感謝の意を表したい。

　　2001年3月

執筆者代表
上　條　醇

目　次

はしがき

I　総　論

No. 1　民法の基本原理とその修正 …………………………………… 2
　　1　民法の三大原則　2　　2　私権の社会化　3
No. 2　信義誠実の原則 ………………………………………………… 4
　　1　信義誠実の原則　4　　2　信義則適用の具体例　4
No. 3　権利濫用の禁止 ………………………………………………… 6
　　1　権利の濫用とはなにか　6　　2　権利濫用の具体例　6

II　人

No. 4　権利能力の始期 ………………………………………………… 10
　　1　権利能力　10　　2　権利能力の始期　11　　3　胎児　12
　　4　権利能力の終期　13　　5　外国人の権利能力　13
No. 5　意思能力と行為能力 …………………………………………… 16
　　1　近代市民社会における意思主義　16　　2　意思能力　17
　　3　行為能力　18
No. 6　未 成 年 者 ……………………………………………………… 20
　　1　その意味と制度の目的　20　　2　保護補完者（法定代理人）　21
　　3　未成年者の能力　22　　4　年齢の修正　23
No. 7　成年後見制度(1) ………………………………………………… 26
　　1　成年後見制度の創設（背景および経緯）　26
　　2　成年被後見人　27　　3　被保佐人　29
No. 8　成年後見制度(2)補助・任意後見 ……………………………… 32
　　1　補助制度新設の意義　32　　2　補助制度　33
　　3　任意後見制度　34　　4　成年後見登記制度　36
No. 9　制限能力者の相手方の保護 …………………………………… 38
　　1　制限能力者の相手方の保護　38　　2　催告権　38
　　3　制限能力者の詐術　39

v

目　次

No. 10　住所の意義 …………………………………………… 42
　　　1　住所 *42*　　2　居所・仮住所 *44*
No. 11　不在者の財産管理と失踪宣告 …………………………… 46
　　　1　不在者の財産管理 *46*　　2　失踪宣告 *48*
　　　3　同時死亡の推定 *50*

III　法　　人

No. 12　法人の本質および種類 ………………………………… 54
　　　1　法人の本質 *54*　　2　法人の種類 *55*
No. 13　法人の設立 ……………………………………………… 60
　　　1　法人設立についての法定主義 *60*　　2　法人設立の諸主義 *60*
　　　3　民法上の法人設立 *61*
No. 14　法人の機関 ……………………………………………… 64
　　　1　理事の地位 *64*　　2　監事 *65*　　3　社員総会 *65*
　　　4　法人の登記 *66*　　5　法人の監督 *66*
No. 15　法人の能力（目的の範囲とはなにか）………………… 68
　　　1　法人の権利能力 *68*　　2　法人の権利能力の制限 *68*
　　　3　法人の行為能力 *69*
No. 16　法人の不法行為能力 ………………………………………… 72
　　　1　法人の不法行為責任の態様 *72*
　　　2　民法44条の法人の不法行為責任 *72*
　　　3　民法44条の法人の不法行為責任の要件 *73*
　　　4　理事の個人的責任 *74*
　　　5　組織体としての法人の不法行為責任 *74*
No. 17　権利能力なき社団（財団）…………………………… 76
　　　1　権利能力なき社団 *76*　　2　権利能力なき財団 *76*
　　　3　権利能力なき社団の法律関係 *77*

IV　物

No. 18　物とはなにか …………………………………………… 82
　　　1　物の意義 *82*　　2　一物一権主義 *82*　　3　物の分類 *83*
No. 19　土地の定着物とはなにか ……………………………… 86
　　　1　不動産 *86*　　2　動産 *88*
No. 20　主物と従物 ……………………………………………… 90
　　　1　従物とはなにか *90*　　2　従物の要件 *90*

3　従物は，主物の処分に従う　91
No. 21　果実とその取得について …………………………………………92
　　　1　元物（げんぶつ）と果実　92　　2　果実の帰属　92

V　法律行為

No. 22　法律行為の意義と分類 ……………………………………………96
　　　1　法律行為の意義　96　　2　法律行為の分類　96
　　　3　法律行為自由の原則　98
No. 23　公序良俗違反 ………………………………………………………100
　　　1　法律行為の内容　100　　2　公序良俗　101
No. 24　事実たる慣習 ………………………………………………………104
　　　1　法律行為の解釈　104　　2　解釈の基準　104
No. 25　脱法行為（任意規定，強行規定，取締規定）……………………108
　　　1　強行規定と任意規定　108　　2　脱法行為　108

VI　意思表示

No. 26　意思表示の意義 ……………………………………………………112
　　　1　意思表示と法律行為の関係　112
　　　2　意思が表示される心理的過程　114
　　　3　意思表示の解釈と意思主義・表示主義　114
　　　4　意思表示の効力の否定　115
No. 27　心裡留保 ……………………………………………………………118
　　　1　心裡留保の意義　118　　2　心裡留保をめぐる紛争　119
　　　3　身分行為における心裡留保　120　　4　民法93条の類推適用　120
　　　5　心裡留保と自然債務　120
　　　6　心裡留保における表示（書面の有無）と契約の拘束力　121
No. 28　虚偽表示 ……………………………………………………………124
　　　1　虚偽表示の意義　124
　　　2　民法94条2項と表見法理・権利外観法理　126
　　　3　直接の第三者からの転得者　127　　4　第三者の保護と登記　129
No. 29　錯　　誤 ……………………………………………………………132
　　　1　錯誤の態様　132　　2　錯誤の意義（要件・効果）　133
　　　3　動機錯誤の法的保護　134
　　　4　動機錯誤の法的保護と制度間競合論　137

No. 30 詐欺・強迫による意思表示 …………………………………………138
1 総説 138　　2 詐欺による意思表示 138
3 強迫による意思表示 142

No. 31 意思表示の到達 ………………………………………………………146
1 意思表示の効力発生時期 146
2 隔地者の意思表示の効力 146
3 申込の拘束力 148　　4 公示による意思表示 149

Ⅶ 代　　理

No. 32 代理の意義 ……………………………………………………………154
1 代理の意義 154　　2 代理の認められる範囲 155
3 任意代理と法定代理 155　　4 代理と類似する制度 155

No. 33 代理権（含復代理）…………………………………………………158
1 代理権の意義 158　　2 代理権の発生 158
3 代理権の範囲と制限 160　　4 復代理 162
5 代理権の消滅 164

No. 34 代理行為 …………………………………………………………166
1 顕名主義 166　　2 代理行為の瑕疵 167
3 代理人の能力 168　　4 代理の効果 168

No. 35 無権代理 …………………………………………………………170
1 無権代理の意義 170　　2 契約の無権代理 171
3 単独行為の無権代理 172　　4 無権代理人の責任 173
5 無権代理人の地位と本人の地位の同一人への帰属 173

No. 36 表見代理 …………………………………………………………176
1 表見代理の意義 176　　2 代理権授与表示による表見代理 176
3 権限踰越の表見代理 178　　4 代理権消滅後の表見代理 180
5 表見代理の効果 180

Ⅷ 無効・取消

No. 37 無　　効 ………………………………………………………………184
1 無効の意味 184　　2 無効の態様 184
3 無効行為の追認 184　　4 無効行為の転換 185

No. 38 取　　消 ………………………………………………………………186
1 取消 186　　2 取消の当事者 186　　3 取消の効果 187
4 取消権の存続期間 188　　5 無効と取消の基本的な違い 188

目次

IX 条件・期限

No. 39 条件とはなにか …………………………………………………………………192
　　1　条件の意義 *192*　　2　条件になりうる事実 *192*
　　3　条件に親しまない行為 *193*　　4　条件成就の効果 *193*
　　5　条件の成就・不成就の擬制 *194*　　6　期待権の保護 *194*

No. 40 期限とはなにか …………………………………………………………………196
　　1　期限の意義 *196*　　2　期限の利益 *196*
　　3　期限の利益の放棄 *197*　　4　期限の利益の喪失 *197*

X 期　　間

No. 41 期　　間 ……………………………………………………………………………202
　　1　期間の意義 *202*　　2　時・分・秒を単位とする期間の計算方法 *202*
　　3　日・週・月・年を単位とする期間の計算方法 *202*

XI 時　　効

No. 42 時効制度の意義 …………………………………………………………………206
　　1　時効の意義 *206*　　2　時効の存在理由 *206*
　　3　時効学説 *208*　　4　抗弁権の永久性 *209*
　　5　除斥期間 *209*　　6　権利失効の原則 *210*

No. 43 取 得 時 効 ……………………………………………………………………………212
　　1　取得時効の認められる権利 *212*　　2　取得時効の要件 *212*
　　3　取得時効の効果 *216*

No. 44 消 滅 時 効 ……………………………………………………………………………218
　　1　消滅時効の認められる権利 *218*
　　2　消滅時効の要件（債権の消滅時効）*218*
　　3　債権以外の財産権の消滅時効 *221*　　4　消滅時効の効果 *222*

No. 45 時効の中断・停止 ………………………………………………………………224
　　1　時効中断の意義 *224*　　2　中断事由 *224*　　3　時効の停止 *228*

No. 46 時効の効果および時効の援用・放棄 ……………………………………230
　　1　時効の効果 *230*　　2　時効の援用 *231*
　　3　時効の利益の放棄 *233*

　解　　答 …………………………………………………………………………………………*237*
　事項索引 …………………………………………………………………………………………*245*

〔参考文献〕

我妻　栄『新訂　民法総則（民法講義Ⅰ）』1965　岩波書店
川島武宜『民法総則』法律学全集　1965　有斐閣
我妻　栄『民法案内1』1967　一粒社
星野英一『民法概論Ⅰ（序論・総則）』1974　良書普及会
五十嵐清ほか『民法講義1総則』1976　有斐閣大学双書
我妻　栄『民法案内2』1981　一粒社
水本　浩ほか編『新版民法（総則・物権）講義』1983　青林書院
米倉　明『民法講義・総則(1)』1984　有斐閣
幾代　通『民法総則』第2版　1984　青林書院
篠塚昭次『民法口話1』1985　有斐閣
石田喜久夫編『民法総則100講』1988　学陽書房
森泉　章編『民法Ⅰ』改訂版　1988　法学書院
中川善之助著，深谷松男補訂『新版民法入門』第三版　1988　青林書院
淡路剛久ほか編『目で見る民法教材』1994　有斐閣
湯浅道男編『初めて学ぶ民法Ⅰ』1994　成文堂
伊藤　進『ホーンブック民法Ⅰ民法総則』1994　北樹出版
星野英一『民法』1994　放送大学教育振興会
椿　寿夫『民法総則』1995　有斐閣
近江幸治『民法講義1〔民法総則〕』1996　成文堂
加賀山茂『民法体系1　総則・物権』1996　信山社
小林秀之『破産から民法がみえる』1997　日本評論社
大西泰博ほか『導入対話による民法講義（総則）』1998　不磨書房
四宮和夫・能見善久『民法総則』第5版　1999　弘文堂
遠藤　浩ほか編『民法(1)総則』2000　有斐閣双書
大村敦志ほか編『民法研究ハンドブック』2000　有斐閣
内田　貴『民法Ⅰ』2000　東京大学出版会
山田卓生ほか『民法Ⅰ総則』2000　有斐閣Sシリーズ
安井　宏ほか『プリメール民法1』2000　法律文化社
草野元己ほか『ファンダメンタル法学講座　民法1総則』2000　不磨書房

I 総 論

I 総論

No. 1 民法の基本原理とその修正

〈CASE〉 Aは海辺の町に生れて，水銀で汚染された海からとれた魚を食べて育った。20歳を過ぎた頃から体がしびれるようになり，30歳頃からはついに全く歩けなくなってしまった。Aは，水銀を流し続けたX会社に対して不法行為にもとづく損害賠償を請求できるだろうか。

1 民法の三大原則

18世紀後半にアメリカとフランスで成し遂げられた市民革命の理想は，人々に独立・平等・自由という3つの要素を与えることであった。市民社会を構成する人々（これを市民と呼ぶ）は，従前の封建社会から解放され，おのおのに独立・平等・自由という3つの要素が与えられていることを前提としている。このことは，日本国憲法においても13条で「個人の尊重」という形で認められ，戦後の改正民法でも，1条ノ2において「本法ハ個人ノ尊厳ト両性ノ本質的平等トヲ旨トシテ之ヲ解釈スヘシ」としている。かけがえのない個人を尊重することは「人の命の重さは，地球の重さにも勝る」という考え方に通じている。

このような前提のもとに運営される近代市民社会の運営原則はどのようなものであろうか。(1)私的自治の原則（契約自由の原則），(2)私有財産尊重の原則（所有権絶対の原則），(3)自己責任主義の原則（過失責任主義の原則）の3つを民法の三大原則と呼んでいる。近代市民社会においては，人々は私有財産を認められ，自由競争原理のもとで経済活動ができたのである。

(1) 私的自治の原則

個人の尊重のもとに，自らは自らの意思にもとづいて自由に意思決定することが，私的自治の原則である。自らの意思にもとづかない意思決定や意思能力のない者の行為は無効となる。また，契約の締結についても，契約決定の自由，契約内容の自由等，契約自由の原則が認められている。

(2) 私有財産尊重の原則

近代市民社会において，個人の生活を保証するための制度として私有財産尊重の原則が認められた。人々が安定した生活を送るためには，私有財産が認められ，それが不当に侵害されないことが条件となる(憲法29条1項)。これによって自由な生産活動と商品流通が可能となる。

(3) 自己（過失）責任主義の原則

私的自治の原則では，個人が自己の過失によって他人に損害を加えた場合には，当然責任を負わなければならない。この原則は，一方において「過失がなければ責任を負わなくてもよい」という結論を招くことになる。これを過失責任主義という。この過失責任主義においては，損害賠償を請求する者に，損害の原因が加害者側にあることを立証すべき責任を負わせている。

2 私権の社会化

民法の三大原則は，近代市民社会（ここではむしろ近代資本主義社会に置き換えた方がよいのかもしれないが）の発展に大きく貢献したが，市民社会の理想である「人々が独立していて平等で自由である」という前提を覆す結果となってしまった。社会に経済的強者と弱者を作ってしまい，極端なまでに富の偏在をもたらしたのである。そこで経済的弱者の利益を守るべくさまざまな修正が行われることになった。これを一般に私権の社会化と呼んでいる。

資本家と労働者，地主と賃借人の決して対等平等なものとはいえない関係が，まさに経済的強者と弱者の関係といえる。そこで，国は労働基準法等で労働者の権利を保障し，借地借家法で賃借人の利益を守っている。

また土地所有権に対しては，特別法による制限がある（都市計画法，農地法等）。さらに過失責任主義に対しては，近時の公害裁判や自動車事故の損害賠償請求等にみられるように無過失責任主義が採用されるようになった。したがって，企業は，たとえ過失が立証されない場合であっても責任を負わなければならないこともありうるのである。〈CASE〉におけるAは，従来の過失責任主義に従えば，加害者側のX会社の過失を立証できなければ損害賠償請求が認められなかったのに対し，無過失責任主義においては，立証責任はX会社側に移り，X会社が無過失を立証できなければ，Aの損害賠償請求が認められることになるのである。

No. 2　信義誠実の原則

〈CASE〉　Aは自己所有の土地上に家を新築するため、B工務店との間で総額3,000万円の建築請負契約を締結した。しかし、Bが建築にとりかかろうとした頃に石油が高騰して、物価が30％以上上昇してしまった。Bは当初の契約どおり3,000万円で家を建築しなければならないだろうか。

1　信義誠実（Treu und Glauben）の原則

　民法1条2項は、「権利ノ行使及ヒ義務ノ履行ハ信義ニ従ヒ誠実ニ之ヲ為スコトヲ要ス」としている。これを信義誠実の原則と呼んでいるが、これは、債権法の分野において、債務者と債権者の義務履行に関する原則として発達したもので、民法全体に通ずる原則としては考慮外のものであった。しかも、その概念はきわめて抽象的で、具体的な基準が設けられていない。このような規定を一般条項といい（民法1条のほか、90条も同様に解せられる）、その適用は、具体的事件に則して裁判官の判断に委ねられている。

2　信義則適用の具体例

(1) 信頼関係の破壊とはいえないとされた事例

　建物の賃貸借関係において、借主が家賃を1回払わなかっただけでは、信頼関係の破壊とはいえないから、1回の賃料不払を理由に解約することはできないとした（最判昭39・7・28民集18巻6号1220頁）。1万円の弁済にわずか100円足りなかった場合に、債権証書の返還や抵当権の抹消登記を拒んだり（大判昭9・2・26民集13巻366頁）することも信義則に反するとした。

(2) 時効完成後の債務の承認

　消滅時効の完成を知らないで債務を承認（延期証の差入れ等）した場合の債務者は、時効利益を放棄してしまったのであって、あらためて時効を援用することは信義則上許されないとした（最大判昭41・4・20民集20巻4号702頁）。

(3) 権利失効の原則

解除権を有する者が，長期間この解除権を行使せず，相手方ももはや解除権を行使しないであろうという期待を抱いているときには，解除権を認めない。これを権利失効の原則といい，その根拠を信義則においている（最判昭30・11・22民集9巻12号1781頁）。

(4) 事情変更の原則

契約両当事者の責任によらない理由で(いわゆる不可抗力によって)，契約当初予想できなかった事態が生じ，契約の内容をそのまま実現することが，困難になって，もし実現しようとすれば一方に不測の損害が発生してしまう場合，信義則によって契約の解除ができるとする原則である（最判昭29・1・28民集8巻1号234頁等）。〈CASE〉におけるA・B間の建築請負契約は，この原則によって解除できそうである。この契約でそのまま拘束されると，工務店は，1000万円近くの損害を負うことになってしまうからである。

Step up

●**有責配偶者からの離婚請求**　日本の民法は，離婚訴訟においては，有責主義を採用し，離婚原因を作出した有責配偶者には，離婚請求を認めなかった。しかし，判例は，これを改め，「夫婦が相当の長期間別居し，その間に未成熟子がいない場合には，離婚により相手方がきわめて苛酷な状態におかれる等著しく社会正義に反するといえるような特段の事情のない限り，有責配偶者からの請求であるとの一事をもってその請求が許されないとすることはできない」とした（最大判昭62・9・2民集41巻6号1423頁）。有責配偶者からの離婚請求であっても一定の条件を満たしていれば信義則に反しないとしたのである。

Practice

下記の各問の正誤を答えなさい。

問1．「契約は守らなければならない」という原則があるから，契約成立後の予期せぬ経済変動があっても，当事者はその契約を解除することは許されない。
（　　　）

問2．日本の民法は，離婚に関して破綻主義を採用している。　（　　　）

No. 3　権利濫用の禁止

〈CASE〉　Aは自己所有の土地に樹齢300年以上の老松を保有している。ところが，国がそのすぐ近くに鉄道を敷設し，同時に駅も設置したことから機関車の煤煙がひどく，ついにはその老松が枯れてしまった。Aは国に対して不法行為にもとづく損害賠償を請求したが，これは認められるだろうか。

1　権利の濫用とはなにか

　民法1条3項は「権利ノ濫用ハ之ヲ許サス」と規定しているが，この権利の濫用とはどのようなことをいうのであろうか。

　ある権利行使が正当な権利行使としての外形を備えているように見える場合であっても，他人の利益を侵害してしまったならば，正当な範囲を逸脱して権利の行使がなされたものと考えざるをえない。このような場合を権利の濫用といって許されるべきものでないとされる。古くローマ時代から認められている制度であり，シカーネと称せられ，ドイツ民法226条に明言されている。またスイス民法2条2項は「権利の明白な濫用は，法の保護を受けない」としている。

　権利濫用の成否は，権利行使によって権利者の受ける利益と相手方の被る損害とを比較衡量して，社会全体の利益を基準として決めようとするものである。

2　権利濫用の具体例
(1)　信玄公旗掛松事件

　〈CASE〉で扱った事件である。この事件は，明治時代に起こったもので，その当時，日本は近代化路線を推し進め殖産興業が旗印であった。したがって鉄道の建設は社会的に見れば，きわめてその有用さを理解することができる。しかし，実際の裁判では，松の所有者の請求が認められ，社会的に多大な利益をもたらすであろう鉄道側の主張は退けられた。他人による権利侵害であっても容認しなければならない場合もあるが，その行為が社会観念上，被害者に認容

させるべきでないと一般に認められる程度を越えた場合には、不法行為となってしまうのである。

(2) 宇奈月温泉事件

(1)とは逆に他人の侵害の排除を主張することが権利の濫用とされたものである。温泉旅館の経営者が源泉から木管で引湯していたところ、その一部が他人の土地を通過していたことが判明した。これを知った第三者が、その土地を買い受け、侵害している温泉旅館の経営者に高価で買い取ってくれといい、さもなければ、木管を除去してくれと請求した事案（大判昭10・10・5民集14巻1965頁）である。判決は、所有権の侵害が軽微で、侵害物の除去に多大な費用がかかり、しかも不当な利益を得る目的でなされた権利行使は権利の濫用になるとしている。

Step up

●民法1条1項、2項、3項の関係　民法1条1項は、「私権ハ公共ノ福祉ニ遵フ」という。一般に公共の福祉の原則と呼ばれている。

ここでいう私権とは私法上認められる権利をいい、所有権の絶対に代表されるように、私権もまた絶対性を認められていたが、それが結局、富の偏在や多くの公害等をもたらしたために、国家の制約を受けることになった。この制約の基準となるのが、「公共の福祉」という概念なのである。この「公共の福祉」の概念も広くかつ抽象的であり、「公共の福祉」を安易に適用させると、著しく個人の権利を侵害してしまう危険を併せ持っている。慎重な適用が望まれるところである。

民法1条の1項～3項は相互にどのような関係であるかが問題である。1項が全体の原理としての役割を果たし、2項と3項がその適用を示すという考え方が多い。しかし、最近では、各項がそれぞれ独立した機能を持つという考え方が主張されている。

Practice

下記の問の正誤を答えなさい。

問1．正当な権利行使のように見えるものであっても、他人の利益を著しく害する場合には、この権利行使は権利の濫用となって許されない。　（　　　）

II 人

II 人

| *No. 4* | 権利能力の始期 |

〈CASE〉 父親が航空機事故に遭い死亡した。しかし，子供は未だ母親の胎内にいる。こういった場合は，子供は，胎児ということで，損害賠償請求ができないのであろうか。

1 権利能力

　今日の社会では，誰もが人が人としての権利を有することを疑わない。しかし，このようにすべての人が，人と扱われるようになったのは，そう古いことではない。こういった考えは，近代市民社会がフランス革命等によって，現実の社会として実践され始めた時から，ようやくにしてすべての人が，人として扱われるようになったのである。封建社会においては，人は，一定の身分がある場合のみ人であった。したがって，外形上は人であっても，法律上は，物（奴隷等）とみなされていた。すなわち，売買や贈与等の対象にされていた。

　今日の法は，すべての人を「独立」「平等」「自由」に，また，外界の事物（有体物と無体物）との関りは，個々人の自然的属性の腕力（性別・腕力差――先天的属性，出生にもとづく身分差――後天的属性）によるのではなく，理念的意思（法による支配）で誰かに帰属させるという考えで構築されている。この理念的意思で帰属させるという法的表現が権利能力である。身分等による差別なく，すべての人が人次元で条件が整ったら具体的に外界の事物を引きつけることができる状態が権利能力である。したがって，民法は「私権ノ享有ハ出生ニ始マル」と規定した（1条ノ3）。出生と同時に，すべての人は人の資格において，あらゆる外界の事物を支配しうる可能性を与えられることとなる。このように，人を人として扱うことを，法律上は，権利能力といい，あらゆる権利義務の主体となる資格を得る力（理念意思の力）が，権利能力とされている。

　今少し比喩的に，電磁石を例にとり説明するとこうである（図1参照）。出生という事実は，あたかも電磁石に電力が入力された状態と考える。電力が入力

されると，磁力が生じ，具体的条件が整えば（具体的権利が生じた場合），外界の鉄片等（事物）を引きつけることができる。このように，権利能力とは，出生という事実によって，電気が入力され，磁力が生ずる電磁石のような状態（主体・資格）ということになる。ちなみに，死亡は，電磁石の電力が切られる状態ということになる。電力が切られたならば，磁石は磁力を失い（権利能力の消滅），単なる物と化す。

　要約するならば，人と物の違いは，意思力が存在するか否かである。権利能力は，出生という事実と同時に，人が物を支配しうる可能性（理念意思）を与えた状態ということになる。

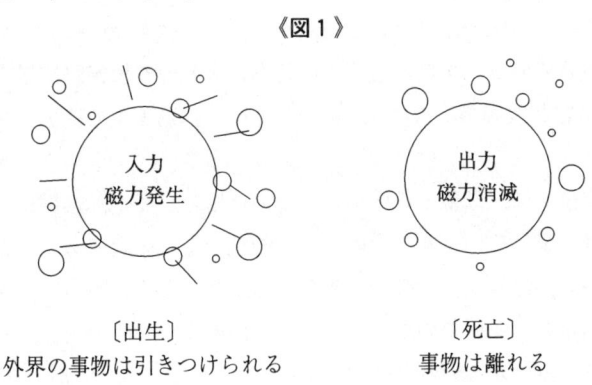

《図1》

〔出生〕
入力
磁力発生
外界の事物は引きつけられる

〔死亡〕
出力
磁力消滅
事物は離れる

2　権利能力の始期

　権利能力の始期は，民法1条ノ3により，出生の事実から始まる。しかし，どのような状態をもって出生とするかに関しては，民法は規定を置いていない。そこで，胎児が母胎から分離する過程のどの段階をもって出生というかについて，大きく分けて3つの考え方が示されている。①一部露出説，②全部露出説，③独立呼吸説，である。通説は，全部露出説である。人として独立した人格ということからして，全部露出説が当を得ている。全部露出した瞬間に生きていれば出生であり，その後死亡しても出生の事実に変化はない。死産の場合は，出生ではない。

　　★刑事においては，一部露出の胎児の息の根を止めた場合，堕胎罪・殺人罪のいずれを適用すべきかで争われ，殺人罪が適用された。すなわち，刑法

Ⅱ 人

は，出生に関しては，一部露出説を採用した（大判大 8・12・13刑録25輯1367頁）。

出生は，一応，戸籍の届けをもってその事実の証明にはなるが，必ずしも，真実とはいえない場合もある。立ち会った医師や，助産婦等の証言によって，真実に訂正することも可能である。

3 胎　　児

胎児は，原則として権利能力はない。したがって，母を代理人として権利行使はできない。母は，胎児のために認知請求の訴えはできない（787条参照）。しかし，例外的に，胎児の保護という視点から，胎児はすでに生まれたものとみなす規定をおいている。すなわち，不法行為にもとづく損害賠償請求（721条），相続能力（886条），受遺能力（965条）については，胎児はすでに生まれたものとみなされる。

　★例：被相続人に，母親と妊娠中の妻がいた場合。妻が，無事に子を出産した場合は，妻とその子が二分の一ずつ相続する。死産であった場合は，妻が三分の二，母親が三分の一を相続することになる。問題は，胎児は，この間に相続をしていたのか，あるいは，出産までの間の相続財産をどのように保全するのかという課題が残る。

胎児の相続や損害賠償については，従来の通説・判例は，胎児が生きて生まれると，相続開始や不法行為の時に遡って権利能力を取得し，胎児の間の権利を保全する代理人は存在しないとしている（停止条件説・人格遡及説）。

　★電車にはねられ死亡した者に，事故当時臨月の妻と父親がいた。この両者は，加害者たる電鉄会社と和解し胎児の分を含め，弔慰金を受け取った。しかし，胎児に関する代理権は，母親たる妻および祖父たる被害者の父親のいずれにも存在しないから，この和解の効力は，後に産まれた子（当時胎児）には及ばないとし，子は別に損害賠償を請求できるとした（大昭7・10・6民集11巻2023頁）。

この通説・判例に対し，死産の時にはじめて遡及的に権利能力が消滅するとの説が有力になってきている（法定解除条件説・制限的人格説）。この説にたてば，先の和解の効力は，他に無効原因がないかぎり子に及ぶことになる。死

産の場合は，子供の分として受領したものは不当利得として返還することになる。また，条件が確定するまでは胎児の分は，母親が管理することになる。

4 権利能力の終期

権利能力の終期に関しては，各則にも直接的な規定はないが，死亡の時である。死亡は，心臓の停止時に求められる。しかし，近時臓器移植が問題となり，死亡の時期をいつにするかの議論がなされることとなった。人間の体は，そのすべての部分が同時期に死亡するわけではなく，心臓が停止しても他の部分は生きていることから，より新鮮な段階で臓器を移植したいとの要望が死亡時期を巡って微妙な意見の対立を生み出している。ことに，心臓を移植する場合には，心臓の停止以前に死亡が確定されるならば，移植の成功率が高いという考えがなされている。脳死をもって死亡と認定するということである。医学上の要請によって，脳死をもって死と認定する立法がなされたとしても，一般的な権利能力の終期は，それにとらわれることなく，心臓停止の死体をもって権利能力の終期とすべきである。心臓停止の死体が不存在の場合の法運用は，失踪宣告の制度で考える必要があろう。

5 外国人の権利能力

市民社会が地球上に1つでなく，近代国家の数だけ存在していることから，当該国の国民以外の外国人に民法上どのような地位を与えるべきかの問題がでてくる。第2条において，「外国人ハ法令又ハ条約ニ禁止アル場合ヲ除ク外私権ヲ享有スル」と規定している。このように，「法令」または「条約」（実際には皆無）という2つの制限が課されているが，それ以外は当該国の国民と同じように扱われることとなる。しかし，近時の傾向は，外国人の「法令」による制限を極力縮小する方向で推移している。

法令による制限は，私法上の分野ではなく公法上の分野がほとんどであるが，外国人の参政権，あるいは公務員に就職する権利等々で緩和する方向が顕著になってきている。

★従来までのこういった在日および来日の外国人に関する基本的人権の制限（権利能力の制限）は，制限を被った人が本国に戻れば当然にそれらの権

Ⅱ 人

利は享受しうるとみなしていた。たとえ，わが国の国家目的に従って権利能力の制限を行っても，本質的制限ではないと考えられていた。したがって，近代国家の数だけ市民社会が存在している現状では，それぞれの国家目的に従いこれらの制限は合理的根拠のあるものであるとされていた。

しかし，在日韓国人の場合，来日の人々は別としても，在日といわれている人々のように，今日では2世・3世となり，事実上，半永久的にわが国に居住し続けると考えられる人々は，このままでは未来永劫これらの権利は停止されるということになる。すなわち，このような在日の人々に対し，権利能力を制限する合理的根拠が存在するのかという疑問が呈されるようになってきている。外国で制限された権利は本国に戻れば享受できるとの従来の考えは合理的根拠がなくなるのではないかという疑問である。

そこで，地方の自治体においては，権利能力の制限の撤廃を行うところもでてきている。また最近のわが国の国会でも，こういった人たちに日本国民と同等の参政権を付与したり，あるいは，公務員の路を開くといったことが議論され，立法化が検討されている。このような立法化の動きは，きわめて有力になされているので，早晩，在日の人々にも，わが国の国民と同等の法的権利が付与される日がくるといえるであろう。

Step up

●**胎児の間は，誰かがその権利を代理するのであろうか** 〈CASE〉における，胎児は損害賠償に関しては，既に生まれたものとみなされる(721条)。しかし，胎児の間における権利の代理に関しては，説が分かれている。

通説・判例(大昭7・10・6民集11巻2023頁)は，代理権なしとするが，一方では代理権がありとする有力な説が近時唱えられている。

Practice

下記の各問の正誤を答えなさい。

問1．母親は，胎児を代理して，父親に認知の訴えを提起することはできる。
　　　　　　　　　　　　　　　　　　　　　　　　　　　（　　　）
問2．母親の妊娠中に父親が死亡し，胎児も死産であった場合，胎児が相続した父

親の財産は，母親が相続することになる。　　　　　（　　　）
問3．父親が受遺者と指定した後，胎児の出生前に死亡した場合でも，その胎児は受遺者として，出生後に遺贈を受けることができる。　　（　　　）
問4．父親がした胎児の認知は胎児の出生前に父親が死亡すると，効力が生じない。
　　　　　　　　　　　　　　　　　　　　　　　　　（　　　）

Ⅱ 人

| *No. 5* | 意思能力と行為能力 |

〈CASE〉 成年被後見人の審判を受けていないが，法律行為時において意思無能力者であった者が行った手形振出行為は，無効として主張できるか。

1 近代市民社会法における意思主義

　近代市民社会法（国家法的表現は，民法）は，身分から契約という言葉に代表されるように，封建社会の先天的・後天的自然的属性を否定し，個々人の意思の最大限の尊重をかかげてなる法体系である。すべての人が出生と同時に，互いに「独立」「平等」「自由」な関係に立つとし，その前提の下で，個々人が自由な意思で交通関係に入れる社会であり，その個々人の自由な意思で活動できる社会を実現させるために規定されたのが近代民法典である。したがって，民法は，理念原理として「個人財産権尊重の原則」「私的自治の原則」「自己責任の原則」をかかげている。

　しかし，現実の人間は，互いに対等ではない。むしろ，不対等といった方が正しいであろう。50億の人間がこの地球上に存在すれば，その数だけの個性があるとしてもすべてが対等とはいえない。近代民法は，こういった不対等な状態に対し，一定の基準で対等な者とみなしている。すなわち，①一定の年齢に到達していること（成年・未成年），②精神的な面で健常であること（成年被後見等），③経済的側面で独立していること等の3つの類型をクリアしているならば，一応，対等な者とみなしている。逆に，この3類型の1つ以上を帯有する者は，不対等な者となり，法定代理人という介添人を付してでも，一歩でも対等な交通関係の場に登場させるメカニック構造を民法の裏原理（要保護性保護補完類型）として構築している（図参照）。

　こういった裏原理の具体的な規定は，親族法に規定されている。どういった人が，どのような場合に法定代理人として就任できるかである（親族法の親権・後見参照）。総則の規定は，一般的な原則を規定しているのであって，例

外規定等は，親族法の規定を見ることによって理解できるようになっている。このように，親族法は，不対等な者を一歩でも対等者に近づける任務を帯びた法であるといえる。単なる親族的身分関係を規律する法ではない。

民法は，このような不対等な者が現実には存在することを前提とし，それを補完する機構を通し，そのもっとも理想とする，すべての人が対等な関係に立ち，個々人の自由な意思で対抗関係に入れるように規定されている。そういった意思の尊重を最理想とするところから，民法は，意思主義で貫かれているとされている。

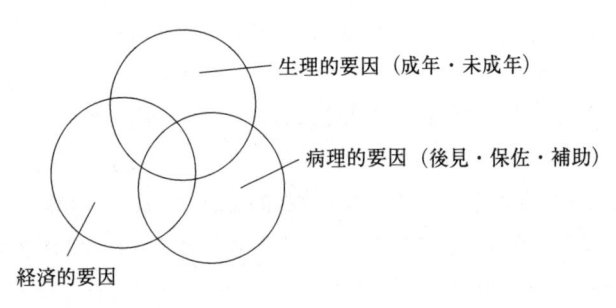

```
                生理的要因（成年・未成年）

                病理的要因（後見・保佐・補助）

    経済的要因
```

※　これらの要因を1つ以上帯有する者を，要保護者という。

2　意思能力

前述したように，人は出生と同時に，権利を享受しうる地位（権利能力）を取得する。しかし，具体的にさまざまな権利を取得するにあたっては，何らかの原因を必要とする。近代民法は，個々人の意思を最大限に尊重することを理想とするから，個々人の意思にもとづくことが原則となる。すなわち，意思表示を要素としそれに効力を与える法律行為が，権利の取得原因の主要なものとなる。

意思能力とは，この法律行為を行うにあたって，その法律行為の意味や内容に関し，通常人の理解や選択を行える能力をいう。すべての人間は，意思を持っているが，法律行為の意味や内容を的確に判断し，意思を表示しているとは限らない。民法は，行為の結果を弁識するに足りるだけの精神能力（意思能力）のない者は，単独で法律行為を行えない者とした。したがって，意思能力のない者の行為は無効であるとの理論をとった。すなわち，幼年者や精神障害

のある者が，売買や贈与等の法律行為を行ったとしても，その行為を行った当時意思能力がなかったことを証明した場合は，その行為が無効であると主張できるということである。

3 行為能力

このように意思能力の法理は，各人のそれぞれの具体的な行為ごとに，行為を弁識するに足るだけの能力を備えていたか否かの判定を必要とする。しかし，実際にはその証明や判定は容易ではない。そこで民法は，一定の状態にある者を一応能力不十分な者と定型化し，その者に保護補完者を付すことによって能力の不足を補わせ，法律行為ができるとした。こういった制度は，講学上は権利能力や意思能力と区別する意味において，行為能力とよばれている。

すなわち，一定の状態とは，前述したように，保護の3類型の中の年齢的要因（未成年者）にもとづくものと精神的な面での健常の有無（制限能力者）である。このような状態にある者を要保護者として，その者が保護補完者の同意等を得ないで単独で法律行為を行った場合は，その時点では一応有効となるが，後に，その法律行為を取り消すことによって無効と確定し，また，追認することによって有効に確定することになる。すなわち，こういった一定の要保護状態にある者は，その保護の状態にあること（意思能力が欠けていたこと）をいちいち証明することなく，後に取消（無効に確定）や追認（有効に確定）できるということである。

民法は，前述したように，基本的にはすべての人を対等とし，その者の自由な意思で互いに交通関係に入ることを理想形態とする。しかし，現実には，大人・子供，男・女，健常者・非健常者等は，決して対等ではない。そこで，そういった不対等な者をも落ちこぼれさすことなく，保護補完者を付すことによって一歩でも対等にするシステムを構築している。そのシステムの1つとして，行為能力の制度が考えられた。

権利能力，意思能力，行為能力とは異なるが，不法行為の場合において，他人に損害を与え損害賠償しなければならないか否かに関し，行為者がその行為の結果を弁識するだけの能力がないときは，責任を負わないことになっている（712条・713条参照）。この不法行為における能力を責任能力という。法律行為に

おける意思能力，不法行為における責任能力を統一的に見れば，近代民法における個々人の自由な意思を最大限に尊重する原理にもとづくものであるといえる。そういったことからしても，民法は，意思論で構成されているともいえるのである。

Step up

●**後見開始の審判を受けていないから，保護はないのだろうか**　　意思能力が欠ける者の行った法律行為は，それが証明されれば無効を主張できる。しかし，その証明は容易ではない。したがって，行為能力の制度がある。しかし，〈CASE〉の場合は，成年後見の審判を受けていないから，被成年後見人としての主張はできない。具体的に意思能力がなかったことを証明し，手形振出行為を無効と主張するしかないであろう（大判明38・5・11民録11輯706頁参照）。

Practice

下記の各問の正誤を答えなさい。

問1．意思能力がある未成年者Aが，法定代理人の同意なしに，貸金債権を受領した場合は，Aは能力の制限を理由として，これを取り消すことができる。
（　　　）

問2．意思能力のない成年者Aが，不動産の賃貸借契約を結んだが，意思能力のないことを理由として，この契約を無効とすることができる。（　　　）

問3．意思能力のある未成年者Aが，仕送りの学費やアルバイト代をためて自動車の頭金として，割賦契約を結ぶ場合は，法定代理人の同意を必要とする。
（　　　）

問4．意思能力のない未成年者Aが，自己の婚礼用と偽って家具を購入し，直ちに転売しその代金を使ってしまった場合でも，Aは制限能力者としてこの売買行為を取り消すことができる。（　　　）

Ⅱ 人

No. 6 未成年者

〈CASE〉 17歳のA君が，16歳のB子さんと恋愛し，2人は婚姻することにした。しかし，A君の両親は，2人はまだ若いとこの婚姻に反対であった。B子さんの母親は，賛成したが，父親は反対している。A君，B子さんは，こういった事情にもかかわらず，婚姻を強行しようと考えているが，法律上この婚姻は，有効になるであろうか。

1 その意味と制度の目的

　前述したように近代市民社会法は，すべての人を「独立」「平等」「自由」にという理想を掲げる。しかし，現実には，年齢や精神的要因で必ずしもすべての人は対等とはいえない。未成年者制度は，年齢という次元での不対等な関係をどこかで線引し，その線引のラインに達したものを成年とし行為能力者となし，そのラインに到達しないものを未成年者とし制限能力者とする制度である。わが民法は，出生の日から起算して満20歳に達した者を成年とし（3条，年齢計算ニ関スル法律1項），そうでない者を未成年者とする。すなわち，満20歳に達すると単独で法律行為を行えることとなり，満20歳未満の時は，保護補完者（法定代理人）の力添えを得て法律行為を行うこととなる。この満20歳という数字は，確定値ではなく近似値である。したがって，事柄によっては，単独で法律行為を行える年齢を修正している。民法総則では，年齢にもとづく要保護性保護補完に関する原則的事項を規定し，例外則や保護の担い手等に関しては，親族法に規定されている。したがって，未成年者制度を理解するには，親族法の規定を参照する必要がある。

　なお，未成年者が婚姻すると成年者とみなされる(753条)。また，天皇・皇太子・皇太孫の成年は18歳である（皇室典範22条)。

2　保護補完者（法定代理人）

　未成年者の保護補完者は，第1次的には，親権者(818条・819条)である。第2次的に，親権者がいないときは，未成年後見人が保護補完者となる(839条・841条~846条)。こういった親が第1次的に親権者として就任し，また，親がいないときには未成年後見人が就任するという関係は，相互扶助の原理を借りて構成されている。すなわち，相互扶助が最も強く働くのは，血縁においてであり，ついで地縁関係においてであるという原理である。未成年者が自らの意思で，あるいは，能力で他の人々と対等に交通関係に入る年齢に到達するまでは，何からも無条件に保護補完されるというシステムであり，その保護補完の担い手が親権者・未成年後見人ということである。未成年者が法律行為を行う場合には法定代理人となり，未成年者のために法律行為を行うこととなる。

　親権者は，未成年者を「監護及び教育をする権利を有し，義務を負う」とされ，たとえ，子の面倒を見たくなくとも忌避することができない。両親が揃っている場合は，原則として共同親権者となる。両親の一方が死亡したり，離婚した場合は，単独親権者(離婚の場合は，親権者の決定)ということになる。子の監護教育にあたり，適切性を欠く場合には，親権不的確となり親権剥奪事由を構成することになるが，よほどにひどい場合のほかは親権剥奪としていない。親権者は，未成年者の法律行為の法定代理人になるから能力者でなければならない。未成年者が婚姻すると成年とみなされるから能力者といえるが，未成年者が非嫡出子などを設けた場合には，その未成年者は親権，または，後見に服しているから，自らは制限能力者であり親権者になれない。この場合は，未成年者の親権者等が代行親権者として非嫡出子の親権等を行使することになる(833条・867条)。

　親権者または未成年後見人は，未成年者の財産を管理し，その財産に関する法律行為につき未成年者を代理する(824条・859条)ということは，未成年者の保護補完という視点からである。したがって，未成年者が法律行為を行うときには，同意権を行使したり，未成年者が単独で法律行為を行った場合には，未成年者の保護という視点から，取り消したり追認する(120条・122条)。未成年者が単独で行った法律行為は，一応有効に成立するが，取消または追認によって，無効または有効に確定する。

Ⅱ 人

3 未成年者の能力

　上述のように未成年者が法律行為を行うときは，法定代理人の同意がその有効性に必要な事項となる。しかし，単に権利を得，または義務を免れる行為，すなわち，贈与を受けたり（負担付贈与は同意が必要），借りたものを返さなくともよいとするような行為は，未成年者が単独で行える（4条）。これは，未成年者がひたすら利益を受けるに止まり，未成年者を保護補完する必要がないからである。

　また，法定代理人があらかじめ目的を定めて一定の範囲で未成年者に財産の処分をさせることができる（5条前段）。さらに，法定代理人が目的を定めないで未成年者に財産の処分を許した場合は，未成年者はその範囲で自由に処分できる（5条後段）。たとえば，学用品や，日常の品物を買うために与えた小遣いの範囲で，未成年者が自由に買い物ができるということである。

　未成年者もある年齢（たとえば，17,18歳）に達すれば，相当に判断力を持つ者もいるであろう。自ら商売など行いたいと考える者あるいは職業につきたいと思う者もいよう。そういった場合に，未成年者は，商売や就職の許可を法定代理人から受けねばならない(823条・857条)。すなわち，法定代理人は，未成年者に営業の種類と範囲を明らかにし許可しなければならない。

　法定代理人から営業の許可を得た場合には，以後未成年者は，その営業を営むにあたっては成年者と同様の能力を有することとなる（6条1項）。したがって，営業から生ずる個々の法律行為につき，いちいち法定代理人の同意を得る必要がないということになる。

　このように法定代理人は，未成年者に許可した営業に関しては，未成年者の判断に委ねることになる。しかし，未成年者の保護という視点から，未成年者が許可された営業を継続するには荷が重すぎる（営業に耐えない事跡）場合には，法定代理人は，営業の許可を取り消したり，営業の範囲を制限したりしなければならない（6条2項）。なお，この場合の取消・制限は，許可の本質撤回・制限撤回であり，許可時に遡ってその効力を生ずるものではなく，将来に向かってのみ効力を持つものである。

　なお，未成年者の許可された営業に関し，取り消されたり制限されたりする場合もあるから，公示手段が必要とされる。商業の場合は，商業登記法にもと

づき公示できるが，その他の営業に関しては，公示手段がないから，許可の有無を第三者が確かめることが容易ではなく問題を残すとされている。

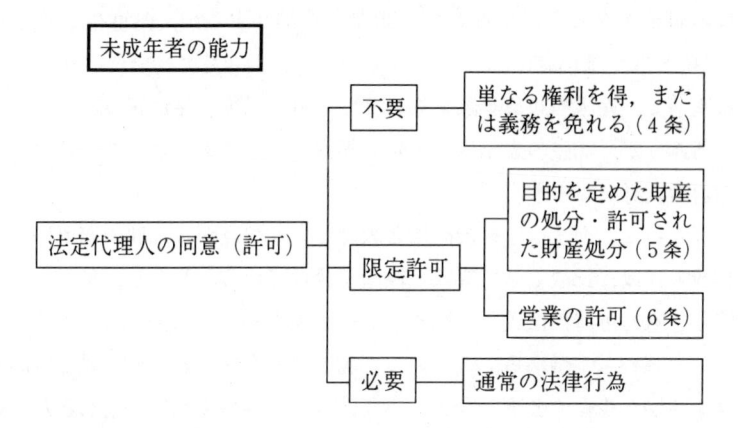

```
                          ┌─ 不要 ──── 単なる権利を得，また
                          │            は義務を免れる (4条)
                          │
                          │           ┌ 目的を定めた財産
法定代理人の同意(許可) ──┼─ 限定許可 ─┤ の処分・許可され
  [未成年者の能力]         │           │ た財産処分 (5条)
                          │           └ 営業の許可 (6条)
                          │
                          └─ 必要 ──── 通常の法律行為
```

4　年齢の修正

満20歳で成年に達するという年齢は，前述したように近似値である。したがって，事柄に即し，誤差修正される。すなわち，前述した，婚姻による成年擬制 (753条)，財産処分の許可 (5条)，営業の許可 (6条)，養子縁組の承諾 (797条) 等である。これらの場合は，未成年者の単独行為で行えるということである。

なお未成年者は，男子は，18歳，女子は，16歳になると婚姻することができる (婚姻適齢, 731条)。しかし，未成年の間は，婚姻するには，父母の同意を得なければならない。父母の一方が同意しなければ，他の一方の同意でよい (737条)。

★最近の少年犯罪の増加・凶悪化に伴い，従来までの少年法の保護の妥当性が問題視されてきている。周知のごとく，17歳の少年の凶悪犯罪や，14歳の少年の殺人といった犯罪が頻発するようになってきている。

少年法における少年とは，民法の未成年者と同様に，20歳未満の者をいう (少年法2条)。したがって，原則論では，20歳未満の少年は，犯罪を犯した場合でも，更正の可能性を重視し，刑罰の適用において保護されてき

Ⅱ 人

た。民法と刑法の保護法益は異なるので，単純には同様に論ずることはできないが，成年年齢という点に関し，20歳が妥当であるか否かは，今後議論の対象となろう。すなわち，20歳で成年とするが，児童福祉法では，「児童とは，満18歳に満たない者をいい」（児童福祉法4条），これまた異なる基準で，保護の対象年齢を違わせている。保護法益が異なるということもあろうが，20歳の成年適齢年齢を再検討するにあたり，こういった点も検討の素材となろう。

もちろん，刑法は，社会防衛と教育という視点から，刑の適用において14歳，16歳，18歳そして成人と段階を分けている。しかし，年齢の段階に関しても，近時の法改正の動きは保護の視点から，社会防衛の視点にウエイトが移行しつつある。こういった動きの当否は，きわめて難しい問題ではあるが，少なくとも，今日の少年法は，社会の変動に対応しきれていないといえよう。

要保護性保護補完の無条件性という視点から，成年・未成年と峻別した場合の法の適用の対蹠性，および近似値の修正という点で，保護法益の違いはあるが，社会の変化に連動した運用原理をどのように把握するかの課題が，少年犯罪をめぐって提起されているといえよう。

すなわち，少年法を，あるいは保護法の年齢を考えるにあたっては，定型的に固定的とするのではなく，社会の変動を考慮し，変更しうるものとの認識が必要であろう。これらの年齢は，あくまでも，近似値であり，諸種の要因が生じることによって変更を必要とするジャンルであるということの認識である。

Step up

●未成年者であっても，男18歳，女16歳になれば婚姻できる。ただし，未成年の間は，父母の同意を必要とする。〈CASE〉の場合は，A君は，婚姻適齢に達していなく，両親も反対しているので，B子さんの母親が賛成していたとしても，法律上有効な婚姻とはならない。

No. 6　未成年者

Practice

下記の各問の正誤を答えなさい。

問1．未成年者が法定代理人の同意なく，単独で行った不動産売買は無効である。
　　　　　　　　　　　　　　　　　　　　　　　　　（　　　　）

問2．未成年者が債務の弁済を受領する場合は，法定代理人の同意を得る必要がある。
　　　　　　　　　　　　　　　　　　　　　　　　　（　　　　）

問3．未成年者が法定代理人の同意なく単独で行った認知は，法定代理人はいつでも取り消せる。
　　　　　　　　　　　　　　　　　　　　　　　　　（　　　　）

問4．未成年者に与えた営業許可は，いつでも法定代理人の判断で撤回できる。
　　　　　　　　　　　　　　　　　　　　　　　　　（　　　　）

Ⅱ 人

| *No. 7* | 成年後見制度（1） |

〈CASE〉 最近までじょうぶで元気にしていた祖父が，急に物忘れが激しくなり，また，不要で高価なものを衝動的に買ってくるようになってきた。問いただしても，なぜそのようなものを買ったのか，あるいは，昨日，今日買ったものまで，すぐに忘れるようになってきた。祖父は，見かけは何ともなさそうなので，売買の相手も普通に取引する。どうすればいいだろうか。

1 成年後見制度の創設（背景および経緯）

　成年後見制度とは，従来まであった，禁治産・準禁治産制度を廃止し，新たに成年被後見人，被保佐人，補助人という制度に改めたものである。今回の成年被後見人，被保佐人，補助人は，前述した（*No. 5*）要保護性保護補完類型の精神上の障害としての病理的要因に対応するものである。
　平成11年12月1日，成年後見制度の創設を内容とする4法律が成立し，平成12年4月1日から施行された。これらの改正は，急速に到達してきた高齢社会への対策としての一連の社会福祉関連法に対応するものである。この成年後見制度は，本質的には，従来の禁治産・準禁治産の制度と変わるものではない。しかし，旧法の制度に関しては，①人々の判断能力や保護の必要性は多種多様になってきており，禁治産・準禁治産制度では，硬直化していて弾力的対応に欠ける，②禁治産の「心神喪失」，準禁治産の「心神耗弱」という要件は厳格に過ぎて，軽度の痴呆・知的障害・精神障害等に対応できない，③用語に社会的偏見がある，④宣告が戸籍に記載されることの抵抗感，等々の理由で，新しい制度を作る必要があると検討され，今回の立法となった。
　今回の立法は，とくに，ノーマライゼーションの理念との調和，および障害者にとって利用しやすい制度という観点に留意して検討された。したがって，新しい後見制度は，①法律による法定後見制度，②契約による任意後見制度，

および，③公示方法に関する成年後見登記制度で構成されることとなった。とくに顕著な特徴は，軽度の知的障害者対策としての，補助の制度の新設である。

2 成年被後見人

(1) 後見開始の審判

従来の禁治産宣告の「心神喪失ノ常況ニ在ル者ニ付テハ……禁治産ノ宣告ヲ為ス」（旧法7条）との規定を，「精神上ノ障害ニ因リ事理ヲ弁識スル能力ヲ欠ク常況ニ在ル者ニ付テハ……後見開始ノ審判ヲ為スコトヲ得」と改めた（7条）。すなわち，「心神喪失ノ常況」の文言を「精神上ノ障害ニ因リ事理ヲ弁識スル能力ヲ欠ク常況」という文言に替え，一時的に回復することがあっても恒常的に意思能力を欠く状態にある者については，家庭裁判所は，本人，配偶者，四親等内の親族，未成年後見人，未成年後見監督人，保佐人，保佐監督人，補助人，補助監督人または検察官の請求にもとづき，後見開始の審判をすることができるとした（7条，家事審判法9条1項甲類1号）。さらに，身寄りのない精神障害者のため，市町村長も後見開始の審判を求めることができる（老人福祉法32条，知的障害者福祉法27条の3，精神保健及び精神障害者福祉に関する法律〔精保〕51条の11の2）。この審判を受けた者が成年被後見人と呼ばれ，その保護者が成年後見人と称されることとなった（8条）。後見開始の審判を受けた後は，被後見人の行った法律行為は，原則として取り消されるものとなる（9条本文）。

(2) 法定後見人の選任

旧法では夫婦の一方が禁治産の宣告を受けた場合には，他の一方が当然に後見人になるものとされていた（旧法840条）。しかし，今回はこの規定を削除し，家庭裁判所が個々の事案に応じ最も適切な人物を成年後見人に選任できるとした（843条）。したがって，家庭裁判所は，成年被後見人の心身の状態や生活および財産の状況を考慮し，また，成年後見人となる者の経歴，成年被後見人との利害関係の有無等々を勘案し，選任することとなる。さらに，旧法では後見人の数は1人であった（旧法843条）が，複数の成年後見人の選任を認めた（843条3項）。さらに，旧法において解釈が分かれていた法人に関しても成年後見人となれることを明文化した。

Ⅱ 人

(3) 成年後見人の職務権限

　成年後見人は,「成年被後見人の生活,療養看護及び財産の管理に関する事務」を行う(858条)。これらの事務を行うにあたっては,成年被後見人の意思を尊重し,また,その心身の状態や生活状況に配慮しなければならない。具体的な療養の程度・方法は,成年被後見人および扶養義務者の資力によって決まる。禁治産者を精神病院に入院させるのは,家庭裁判所の許可が必要であった(旧法858条2項)が,今回はそれが不要となり成年後見人の同意があれば入院させることができる(精保20条・33条1項)こととなった。

　成年後見人は,成年被後見人の財産を管理し,その財産に関する法律行為について成年被後見人を代表する(859条)。したがって,成年後見人は,法定代理人として成年被後見人が行った法律行為を取り消すことができる。ただし,日用品の購入その他日常生活に関する行為は,取消の対象にならない(9条但書)。

　複数の成年後見人が選任されている場合には,家庭裁判所は,職権でそれぞれの分担部分を決定する(859条の2第1項)。また成年被後見人の居住環境は,心身に与える影響が大きいので,成年後見人は,成年被後見人に代わって,居住用の建物や敷地等の売却,賃貸,賃貸借の解除または抵当権の設定等の処分をするには,家庭裁判所の許可を得て行うこととなる(859条の3)。

(4) 成年後見監督人

　家庭裁判所は,必要あると認めるときは,成年被後見人,その親族もしくは成年後見人の請求にもとづき,または職権で,成年後見監督人を選任できる(849の2)。成年後見人監督人の職務は,成年後見人の事務を監督すること,成年後見人が欠けた場合は新たな選任を家庭裁判所に請求すること,急迫な事情のある場合には必要な処分をすること,成年後見人と成年被後見人との利益相反行為が生ずる場合には,成年被後見人を代表することである。成年後見監督人には,成年後見人と同様に,法人および複数の選任が認められる(852条・843条4項・859条の2)。

(5) 後見開始の審判の取消

　後見開始の原因が止んだときは,家庭裁判所は,本人,配偶者,四親等内の親族などの請求にもとづき,後見開始の審判を取り消さなければならない(10条)。

3　被保佐人

(1) 保佐開始の審判

　保佐は旧法の準禁治産制度に代わる制度である。すなわち，精神上の障害により事理を弁識する能力（意思能力）が著しく不十分な者については，家庭裁判所は，本人，配偶者，四親等内の親族，未成年後見人，未成年後見監督人，保佐人，保佐監督人，補助人，補助監督人または検察官の請求にもとづき，保佐開始の審判をすることができる（11条本文，家審9条1項甲類2号）。また，身寄りのない知的・精神的障害者などについては，市町村長も保佐開始の審判を求めることができる（老福32条，知的障害27条の3，精福51条の11の2）。この審判を受けた者が被保佐人，その保護者が保佐人である（11条ノ2）。なお，必要に応じて保佐監督人が選任されうる（876条の3，家審9条1項甲類14号）。

(2) 被保佐人の行為能力

　日用品の購入その他日常の生活に関する法律行為は，本人の意思で行える（12条1項但書）。しかし，以下の事項を被保佐人が行う場合は，保佐人の同意または同意に代わる家庭裁判所の許可が必要となる（12条1項本文・3項）。

　①元本を領収しまたはこれを利用すること，②借財または保証すること，③不動産その他重要な財産に関する権利の得喪を目的とする法律行為をすること，④訴訟行為をすること，⑤贈与，和解または仲裁契約をすること，⑥相続の承認もしくは放棄または遺産の分割をすること，⑦贈与もしくは遺贈を拒絶しまたは負担付贈与もしくは遺贈を受諾すること，⑧新築，改築，増築または大修繕をすること，⑨602条（短期賃貸借）に定めた期間を超える賃貸借をすること，である。これらの事項を，被保佐人が単独で行った場合には，取り消されうる（12条4項）。なお，保佐人が被保佐人の利益を害する虞がないにもかかわらず同意を与えない場合は，被保佐人は，家庭裁判所に同意に代わる許可を求めることができるようになった（12条3項，家審9条1項甲類2号）。

　このように，一定の事項以外は，被保佐人は独立して行為を行える。保佐人に代理権が必要な場合は，家庭裁判所は，所定の者の請求により代理権付与の審判をなしうる（876条の4の1項，家審9条1項甲類2号）。ただし，この請求が本人以外からなされた場合は，自己決定尊重の立場から，本人の同意を必要とする（876条の4第2項）。

Ⅱ 人

(3) 保佐開始の審判の取消

保佐開始の原因が止んだときは，本人，配偶者，四親等内の親族，保佐人等は，家庭裁判所に保佐開始の審判の取消を求めることができる（13条1項）。また，意思能力の減退あるいは回復がみられたならば，審判の重複（保佐と後見開始，保佐と補助）を避けるために，家庭裁判所は，職権で保佐開始の審判を取り消すことができる（17条）。

《旧法と新法の簡単な比較》

	旧　　　法	新　　　法
名　　称	禁治産 準禁治産	後見開始の審判 保佐開始の審判 補助開始の審判
原　　因	心神喪失ノ常況 心神耗弱及ヒ浪費者	事理ヲ弁識スル能力ヲ欠ク常況 事理ヲ弁識スル能力カ著シク不十分 事理ヲ弁識スル能力カ不十分
保　護　者	後見人 保佐人	成年後見人 保佐人 補助人
保護者数	1人：法人は説が分岐	複数：法人可

Step up

●高齢化が進むに連れ，物忘れや，判断力が急速に減退してくる人を保護するために，成年後見に関する法律が制定されたといえる。〈CASE〉の祖父の判断力の衰えが著しい場合は，本人と相談の上，保佐開始の審判となろう。判断力が不十分な場合は，本人と相談の上，補助開始の審判を受けるということになる。

Practice

下記の各問の正誤を答えなさい

問1． 成年後見人は，自然人に限られ，法人は就任しえない。　　　（　　　　　）

No. 7　成年後見制度

問2． 後見開始，保佐開始または補助開始の審判を行うには，本人の同意が必要である。　　　　　　　　　　　　　　　　　　　　（　　　　）
問3． 後見開始の原因が止んだときは，家庭裁判所は職権で後見開始の審判の取り消さねばならない。　　　　　　　　　　　　　　（　　　　）
問4． 日用品の購入等の法律行為は，被保佐人単独で行える。（　　　　）

No. 8 成年後見制度（2）補助・任意後見

〈CASE〉 甲が元気な頃知り合った友人乙との間で，任意後見契約を公正証書をもって交わした。甲が年老いてきて，後見監督人丙が選任されると乙の任意後見が開始された。最初の頃は，乙は，まじめに後見人として務め甲を保護補完していたが，最近，乙は，丙の目を盗み，少しずつ甲の財産を自分のものに移転しているようであり，また，甲の保護とは関係ないような甲の財産の支出が見受けられるようである。この任意後見は有効に継続するのであろうか。

1 補助制度新設の意義

　痴呆性高齢者・知的障害者・精神障害者等の中には，禁治産・準禁治産制度にいう，心神喪失や心神耗弱までにはいかないが，適切な判断力に欠ける人がずいぶんと見受けられるという。こういった人たちは，その判断力不足が軽度であるため，従来までは，法の保護が十分に行き届かず，しばしば騙されて財物の給付を行ったり，詐欺等の被害者になることも多かった。今回の成年後見制度の改正における「補助」の制度の新設は，かかる軽度の精神的障害を有する人たちに救いの手をさしのべたものとされている。すなわち，補助の制度は，一定の判断力を有することを尊重（自己決定尊重の理念）し，判断力の不十分な部分を柔軟かつ弾力的に補完していこうという制度である。

　したがって，補助の制度は，①代理権のみの付与，②同意権・取消権のみの付与，③代理権および同意権・取消権の付与のいずれのパターンを選択するか，あるいは，具体的にどの程度の同意権・取消権および代理権の補助を必要とするかは選択が可能である。基本的には補助を必要とする人が一定の範囲で判断力を有していることを前提にし，足りない部分の補完ということにあるから，きわめて柔軟で弾力的な制度であるといえる。

　そういった意味では，補助の制度の新設は，高齢化に伴う軽度の痴呆症・知

的障害・精神障害の状態にあるものを少しでも保護する目的で，自己決定を尊重し，本人の申立または同意を要件とし，保護の内容や範囲を全面的に当事者の申立に委ねる新しい考えとして，従来の後見制度のあり方を抜本的に改めた改正であるとされる。

2 補助制度

(1) 補助開始の審判

精神上の障害により事理を弁識する能力（意思能力）が不十分な者に対して，家庭裁判所は，本人，配偶者，四親等内の親族，後見人，後見監督人，保佐人，保佐監督人または検察官の請求により補助開始の審判を行うことができる（14条1項，家審9条1項甲類2号の2）。また，身寄りのない痴呆性高齢者・知的障害者・精神障害者等に適切な保護が確保されるようにするため，市町村長にも補助開始の審判の申立権が認められている（老福32条，知的障害27条の3，精保51条の11の2）。補助開始の審判を受けた者は，被補助人となり補助人を付されることになる（15条）。

(2) 補助人の選任

家庭裁判所は，補助の開始の審判をするときは，職権で，補助人を選任する（15条・876条の7）。補助の開始の審判がなされると，当事者が申立により選択した特定の法律行為につき，補助人に代理権・同意権の一方または双方を与える旨の審判をしなければならない（14条3項）。補助の申立が本人以外の場合は，自己決定の尊重および精神上の障害が軽度であるとの理由において，本人の同意を必要とする（14条2項・16条2項・876条の9第1項）。この点が，後見開始，保佐開始と異なる点である。代理権の対象となる行為はとくに制限はない（876条の9第1項）。財産に関する法律行為（預貯金の管理，払戻し，不動産その他の重要財産の処分等）と身上監護に関する法律行為（療養看護，介護契約等）が含まれる。これに対し，同意権の対象となる法律行為は，12条1項所定の行為の一部に限られている（16条1項但書）。

(3) 補助人の職務権限

被補助人が補助人の同意を得ないでした法律行為は，被補助人または補助人によってその行為を取り消すことができる（16条4項・120条1項）。被補助人の利

益を害するおそれがないにもかかわらず，補助人が同意しないときは，被補助人は，同意に代わる許可を家庭裁判所に請求することができる（16条3項）。

(4) 審判の変更・取消

補助開始の審判後に代理権・同意権の追加または範囲の拡張の必要が生じたときは，本人，配偶者，四親等内の親族，補助人，補助監督人は，家庭裁判所に追加的に付与の審判を求めることができる(家審9条1項甲類2号の2・16条1項，民876条の9第1項)。これに対し，代理権・同意権の全部または一部を維持する必要がなくなったときは，本人，配偶者，四親等内の親族，補助人，補助監督人は，家庭裁判所に対しその付与の審判の全部または一部の取消を求めることができる（17条2項・876条の9第2項・876条の4第3項）。また，すべての代理権・同意権の付与の審判を家庭裁判所が取り消すときは，職権で補助開始の審判を取り消すことになる（17条3項）。さらに，本人の意思能力が回復し，補助開始の原因が止んだときは，本人，配偶者，四親等内の親族，補助人，補助監督人は，家庭裁判所に対し補助開始の審判の取消を求めることができる（17条1項）。なお，意思能力が減退し後見開始または保佐に移行する必要が生じたとき（重複回避）は，家庭裁判所は，職権で補助の開始を取り消すものとされている(18条)。

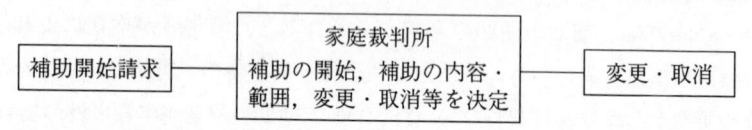

```
┌──────────┐    ┌──────────────────┐    ┌──────────┐
│ 補助開始請求 │───→│     家庭裁判所       │───→│  変更・取消  │
│          │    │ 補助の開始，補助の内容・ │    │          │
│          │    │ 範囲，変更・取消等を決定  │    │          │
└──────────┘    └──────────────────┘    └──────────┘
```

3　任意後見制度

任意後見制度とは，本人の意思能力の存在するときに，将来の衰えを想定しあらかじめ後見契約を結んでおく制度である。この契約は，基本的に委任契約と本質を同じくするものであるが，委任契約の中から後見に相当する内容・範囲を当事者で合意し，後見開始の必要が生じたときから，必要な事務等を行うことをあらかじめ委託するものである。その内容が，公序良俗に反せず，また意思表示の瑕疵等に抵触しないかぎり，こういった契約は有効である。

任意後見は，家庭裁判所により任意後見監督人が選任されたときから，その効力が生ずるのである。なぜならば，後見を依頼した本人は，効力が生ずる段

階から事理の弁識能力が不十分となりつつあり，確かな監視者を付しておかなければ，任意後見人が本人との契約を無視して勝手な行為をなさないともかぎらないからである。本人が健常な段階で任意後見人との間で交わした契約が，適切に履行されるか否かを監視するシステムが整った段階で開始するものであるが，基本的には有償契約でなされるであろう。

　後見の本質は，要保護性保護補完にあり，無償で何からも無条件に開始するという本質を持つものである。したがって，法理論的にはきわめて問題のある制度である。そういった中に，本人の意思尊重という視点から創設された制度と説かれるが，その運用等は相当に厳しい要件性を課さなければ，かえって本人に害を与える可能性も十分に予測される制度である。ことに，法定後見性との競合をどのように考えるか，今後の課題といえよう。なお，家庭裁判所は，任意後見監督人を通してのみ，任意後見人を監視するしかない。

★任意後見制度は，本人が健常者の段階であらかじめ後見人を選任しておく制度である。しかし，後見開始の時は，本人の判断力が相当に低下していることが予測される。すなわち，判断力が低下するから，後見が開始されるわけであるが，このような場合，すでに本人は，判断力が低下しているため，あらかじめ選任しておいた任意後見人が期待通り適切に後見を行ってくれているかは，本人の能力で確認することができなくなっているのが普通であろう。

　　したがって，任意後見契約に関する法律10条1項は，かかる場合に不正がなされることを防止する意図で，「任意後見契約が登記されている場合には，家庭裁判所は，本人の利益のために特に必要があると認めるときに限り，後見開始の審判等をすることができる」と規定し，要保護性保護補完の原理に移行することとしている。確かに，この規定で本人の保護を図ろうとしたことは理解できる。しかし，民法26条に「不在者カ管理人ヲ置キタル場合ニ於テ其ノ不在者ノ生死分明ナラサルトキハ家庭裁判所ハ利害関係人又ハ検察官ノ請求ニ因リ管理人ヲ改任スルコトヲ得」と規定するように，任意後見においてもその開始時において，あらかじめ契約した後見人がその任に就任するにふさわしいか否かを，家庭裁判所が審査すると

いった配慮が必要ではなかったかと考える。

すなわち，不在者の財産管理の規定でも明らかなように，本人の意思が不明確になったら要保護性保護補完の原理に基づき，本人の保護という視点で，あらかじめ選任しておいた任意後見人が要保護性保護補完の任に堪えうるか否かを審査するといった，保護の無条件原理から考慮されるべきであったと考えるからである。後見制度は，本質，要保護性保護補完原理に導かれるという視点を考えるならば，今次の任意後見制度は，かかる点で，保護が不十分といわざるをえないであろう。

したがって，今後の法の運用において，要保護性保護補完という視点から10条を積極的に機能させるべく検討していく必要があると考える。

4　成年後見登記制度

従来までの禁治産・準禁治産制度の下では，禁治産者・準禁治産者は，戸籍に記載されていた。戸籍に記載されるというだけで，禁治産・準禁治産の宣告をためらう傾向がきわめて強かった。戸籍が汚れると考えられていたからである。そういった国民感情を考慮し，今回の成年後見制度の改正に合わせ，本人のプライバシーの保護と取引の安全との調和を図る目的で，成年後見登記制度が創設された。

戸籍に代わる制限能力者の公示手段として登記制度が創設されたが，本人保護という視点から，登記情報の開示については制限が加えられており，不動産登記制度等他の登記制度とは異なる特色を有している。

Step up

任意後見契約自体は，公正証書によって作成され有効といえる。また，任意後見の開始も，任意後見監督人の就任を見て開始されるということで問題はない。しかし，任意後見開始後，契約内容に反した行為がなされつつあるならば，任意後見監督人は，任意後見法7条・8条にもとづき，任意後見人の事務を監督し，不正事実を見出したならば，家庭裁判所に対して任意後見人の解任を請求することとなろう。

Practice

下記の各問の正誤を答えなさい。

問1． 任意後見契約が登記された場合は，家庭裁判所は，法定後見開始の審判することができない。（　　　）

問2． 被補助人の利益を害するおそれがないものについては，補助人の同意がなくとも家庭裁判所の許可を得れば行える。（　　　）

問3． 市町村長は，法定後見の開始請求の権限がない。（　　　）

問4． 成年後見登記事項の開示請求は，利害関係人だったら誰でも請求できる。（　　　）

Ⅱ 人

No. 9　制限能力者の相手方の保護

〈CASE〉　Aは18歳だが，体格もよく大人びた風貌である。その上，話術が巧みであるので，相手もつい大人と錯覚してしまう。Aは，35歳のBが宅地を探していることを聞きつけ，Aの父C名義の土地をCに無断でBに巧みに売りつけた。後日，CはBに対しAが未成年者であり，法定代理人であるCの許可なく取引したので，AB間の取引は無効であると主張してきた。この主張は，妥当か。

1　制限能力者の相手方の保護

　制限能力者が単独で行った法律行為であっても，一応有効に成立している。法定代理人からこういった法律行為の追認（有効に確定）なり取消（無効に確定）がなされれば，法律行為の相手方も不安定な法律状態から解放される。しかし，いつまでも制限能力者側から何ら音沙汰がなければ，不安定な法律状態が解消されない。こういった状態がそのままに続くと，究極的には，5年間で取消権は消滅時効にかかり，20年間で除斥期間となり消滅する(126条)。そこでこういった不安定な状態をもう少し早い段階で解消させるべく，制限能力者の相手方の意思を尊重し，制限能力者の行った法律行為を確定させるべく，問い合わせをすることを相手方に認めている(催告：19条)。また，制限能力者が取引の相手方に，虚偽事実を信じ込ませるほどの巧みな話術等を行使する場合には，取消権そのものを否定する(詐術：20条)。これらの制度が，制限能力者の相手方の保護といわれるものである。

2　催告権

(1)　催　告

　制限能力者（未成年者，成年被後見人，被保佐人，被補助人）の相手方は，制限能力者が能力者となった後に，制限能力者に対して1カ月以上の期間を定

め，その期間内に制限能力者の行った法律行為を取り消すか否かを返事しなさいと問い合わせ（催告）することができる（19条1項）。この催告を行うときに，制限能力者が能力者となっていない場合は，催告は，制限能力者ではなく，それぞれの保護者に対してなされる。制限能力者が未成年者または被後見人の場合は，その法定代理人に対してなされる（同条2項）。制限能力者が被保佐人または被補助人の場合は，催告は当の本人に対してなされるが，その通知は，保佐人または補助人の同意を得て当該法律行為の追認をせよとの内容になる（同条4項）。

　こういった制限能力者に対し一定の事項を通知し返事を求めることを催告というが，催告が権利といわれるのは，制限能力者側から返事がなかった場合に一定の効果を生ずるからである。

(2)　催告の効果

　催告の通知を受けた者が法定代理人または能力者（制限能力者の原因が止んだ者）である場合は，取消・追認といった何らの意思表示がないときは，原則として追認したものとみなされる（同条2項）。なお，後見人である法定代理人に後見監督人が選任されている場合は，法定代理人の一存では決定できないこととなり後見監督人の同意が必要という特別の様式を要する返答となる（864条）。したがって，こういった場合に法定代理人から返答がなかったときは，例外的に，当該法律行為を取り消したものとみなされる（19条3項）。また，通知を受けた者が被保佐人または被補助人である場合は，何らの意思表示をなさなかったときは同様に当該法律行為を取り消したものとみなされる（同条4項）。

《催告に確答しない場合》

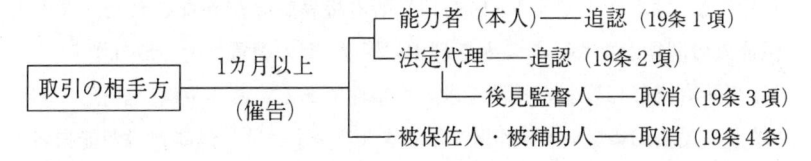

取引の相手方 ──1カ月以上（催告）──
　├─ 能力者（本人）── 追認（19条1項）
　├─ 法定代理 ── 追認（19条2項）
　│　　└─ 後見監督人 ── 取消（19条3項）
　└─ 被保佐人・被補助人 ── 取消（19条4条）

3　制限能力者の詐術

　制限能力者が，相手方に能力者と信じ込ませるような巧みな方法（詐術）を用いたときは，もはやこの者を保護する必要はないとして，制限能力者の行っ

た法律行為は取り消せない(20条)とされる。すなわち,能力者であると信じさせるとは,端的にいうならば,未成年者であるのに成年者であると偽ったり,法定代理人等の同意を得ていると言ったことをさす。しかし,この詐術をどのように捉えるかで裁判所の考えが大きく揺れた。

判例は,大正初年まで制限能力者保護の立場から,本条に該当する場合を容易に認容しなかった。

★準禁治産者であることを隠して,親の行ってきた質屋業等を継続していくのに必要な営業資本を借財する旨を相手方に告げた行為は,詐術にあたらないとした(大判大5・12・6民録22輯2359頁)。また,準禁治産者が自分が能力者であると告げ,相手がそれを誤信しても,積極的な詐欺手段を用いたわけではないから,詐術にはあたらないとした(大判大6・9・26民録23輯1495頁)。

しかし,昭和にはいると,取引の安全の保護という観点から,詐術にあたる場合を逐次拡大するようになってきた。すなわち,制限能力者が相手方が誤信するように自己を能力者であると述べ目的を達した場合は詐術にあたるとし,積極的に証拠を示して相手が錯誤に陥るような術策を講じた場合だけに止まらないとした(大判昭8・1・31民集12巻24頁)。戦後の最高裁は,やや制限能力者保護を考慮するようになったが,なおも取引の安全という視点にたってなされているといえよう。

★Xは,知能程度が低く浪費癖があったので準禁治産の宣告を受け,妻X′が保佐人となった。Xは,Y₁に本件土地を売却し所有権移転登記がなされた。Y₁は本件土地をY₂に売却し所有権移転登記がなされた。Xから保佐人の同意がなかったことを理由にXY₁間の売買契約を取り消し,Y₁Y₂の所有権移転登記の抹消を求めた事件である。最高裁は,詐術につき,「思うに民法20条にいう『詐術ヲ用イタルトキ』とは,無能力者が能力者であることを誤信させるために,相手方に対し積極的術策を用いた場合にかぎるものではなく,無能力者が,ふつうに人を欺くに足りる言動を用いて相手方の誤信を誘起し,または誤信を強めた場合をも包含すると解すべきである。したがって,無能力者であることを黙秘していた場合でも,それ

が無能力者の他の言動などと相俟って、相手方を誤信させ、または誤信を強めたものと認められるときは、なお詐術にあたるというべきであるが、単に無能力者であることを黙秘していたことの一事をもって、右にいう詐術にあたるとするのは相当ではない」(最判昭44・2・13民集23巻2号291頁)。

Step up

未成年者Aの相手方であるBは、Aが大人びていようと、土地の売買であれば、登記簿等を確認するであろう。その段階で当該土地の所有者がAの父Cの名義であり、売買に関しAがCの許可を得ているか、あるいは、成年に達しているかを確認すべきである。一連の取引において、Aが成年に達していることを信じさせるような、積極的な欺罔行為等を行った場合は20条の問題となるが、そういったことがなければ、Bの不注意となり、CからのAB間の法律行為の取消の主張を認めざるをえないであろう。

Practice

下記の各問の正誤を答えなさい。
以下の設問は、制限能力者が単独で法律行為をした場合とする。

問1. 未成年者の取引の相手方の催告に答えなかった場合は、法律行為を取り消したものとみなされる。　　　　　　　　　　　　(　　　)

問2. 後見監督人がいる場合には、法定代理人は、催告に対する返答を一存で行えない。　　　　　　　　　　　　　　　　　　(　　　)

問3. 被保佐人に対して催告がなされた場合は、保佐人の追認を得て返答しなければならない。　　　　　　　　　　　　　　　(　　　)

問4. 取引の相手方から被後見人になされた法律行為の追認の催告に対し、3週間以内に確答しなければ、その行為は追認したものとなる。　(　　　)

Ⅱ 人

No. 10 住所の意義

〈CASE〉 Aは郷里を離れ，東京で学ぶ学生である。郷里から仕送りを受け東京で下宿生活しているが，休暇中は，帰省して郷里で生活している。Aの住所は，郷里であろうか下宿であろうか。

1 住 所

人々は，自己の定めた場所において社会生活を営んでいる。その社会生活を営むにおいて，他の人々と交渉関係を持ったりするためには，お互いに連絡を取り合う場所が必要になる。その場所が，住所ということになろうが，法律上問題になるのは，債務の履行地はどこであるとか，法的紛争が生じたときは，裁判所はどこになるのか，あるいは，選挙権はどこで行使すればよいのか，というような問題である。そういった問題を解決する基準として，住所が必要になってくる。

(1) 定義と効用

民法は住所に関し，「各人ノ生活ノ本拠ヲ以テ其住所トス」と規定する(21条)。近代民法は，個人の自由な意思を最大限に尊重するものであるから，市民生活を営む連絡場所の設定も各人の自由な意思決定に委ねられることになる。その決定した場所は，表札を掲示するなど，他の市民にわかるように表示され，連絡がつくようになっていなければならない（「其ノ人カ其ノ処ヲ以テ〔一般ノ生活関係……〕中心ト為サムトスルノ意思ヲ有シ且此意思ヲ実現シタル事実ノ存スル場合……」大判昭2・5・4民集6巻219頁）。こういった意思説に対し，日々の生活関係が現実に営まれている事実的な場所をもって住所とし，意思的要素を否定する客観説があるが，近代民法の個々人の意思の最大限の尊重ということからして，当を得ているとはいえない。

★学生の選挙権と住所が争われた事件であるが，当時（昭和28年）自治庁選挙部長通達で「寮，寄宿舎又は下宿等に居住している学生，生徒で，その

学費の大半を郷里からの仕送りに仰ぎ，休暇に帰省する者の住所は，郷里にある」とされ，それに従って各自治体の選挙管理委員会では選挙人名簿を作成していた。この選挙管理委員会の選挙人名簿調整に対し，学生たちは次々と異議申立てを行った。下級審ではいずれも学生が勝訴し，最高裁においても，「およそ法令において人の住所につき法律上の効果を規定している場合，反対の解釈をなすべき特段の事由のない限り，その住所とは各人の生活の本拠を指すものと解するを相当とする」とし，学生の生活の本拠は学生寮にあったと判断し，通達にもとづく選挙管理委員会の決定を違法とした（最大判昭29・10・20民集8巻10号1907頁）。

本判決における住所は，選挙上の住所ということで公法上の住所の問題である。こういった公法上の住所もまた民法21条によって決定すべきとの見解（住所単一説）がなされたり，法律関係ごとに住所を定めればよいとの住所複数説の主張もされたが，本件では直接この点に触れなかった。個々人の意思を最大限に尊重すれば，住所の設定は1個に限定することなく複数認めるべきであろうが，共益要請（不在者であることの認定，相続開始地等）から1個に限定される。2個以上の住所設定の意思は，仮住所 (24条) の設定という点で妥協的にかなえられることとなる。なお，民法の起草者は，民法上の住所については単一説を採るべきだが，公法上の住所は別個に考えるべきであるとしていた。

(2) **本籍および住民登録**

個々の市民の氏名，性別，出生，配偶関係，血縁関係等が記載されているものを戸籍と呼び，市区町村役場において管理されている。各市民は，戸籍作成の要請に従い住所とは別個の任意の地番を選び，その地番を市区町村役場に届け出る。この届け出られた地番が本籍（戸6条）である。詳細は，戸籍法に定められているが，住所と同様にそこに居住しているかどうかを問わない。また，行政事務に役立たせる目的で（住民基本台帳法1条），市区町村においてその区域に住所を有する者について住民票を作成している。この住民票は，民法上の住所を推定せしめるのに役立つが，住所の証拠手段の機能に止まる。

2　居所・仮住所

(1) 居　　所

「住所ノ知レサル」，いわゆる転々と起居の場所を変える住所不定者あるいは住所不明者に関しては，その者の客観的起居の場所（居所）をもって，その者の住所とみなされる (22条)。「日本ニ住所ヲ有セサル者」も同様に日本における居所（宿泊しているホテル等）をもってその者の住所とみなされる (23条本文)。しかし，法例（国際私法上の問題を定める法）その他の国内法（例：遺言の方式の準拠法に関する法）が，別途に住所地に関して定めているときは，居所をもって住所とすることができず，それらの法に従って住所を決めることになる (23条但書)。

(2) 仮 住 所

手広く日本各地で事業を営んでいるような者は，各地に住所を選定したいという意思もあろう。このような要請に対処すべく設けられたのが，仮住所である。当該事業に限定しその取引行為については，本来の住所を排し当該仮住所をもって住所とみなされる。仮住所も住所と同じ法的効力が付与される (24条)。

《本籍・住所・居所の関係》

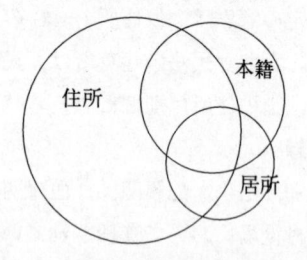

Step up

住所とは，個々人の生活の本拠である。Aが下宿を生活の本拠とする意思を有し，それを日頃から他人にわかるように表示しているならば，下宿をもってAの住所とすべきであろう。これに反し，Aがあくまでも住所は郷里であるとの意思を有し，そう振る舞っていれば，下宿は居所であり，住所は郷里となろう。

Practice

下記の各問の正誤を答えなさい。

問1．学生の選挙権は，下宿等の現に住んでいる場所で行使する。（　　　）
問2．日本に住むすべての外国人の住所は日本における居所である。（　　　）
問3．仮住所は住所とみなされる。　　　　　　　　　　　（　　　）
問4．住所と本籍は同じである。　　　　　　　　　　　　（　　　）

No.11　不在者の財産管理と失踪宣告

〈CASE〉　A男とB女は，結婚式を盛大に行い，そのまま新婚旅行に飛行機でヨーロッパへ向かった。しかし，不幸なことに，飛行機は途中で墜落し，A男もB女もそのまま亡くなってしまった。A男とB女は，結婚式は行ったが，婚姻届は済ましていなかった。この間の法律関係はどうなるであろうか。

1　不在者の財産管理

不在者の財産管理とは，ある者が相当長い期間住所や居所を去り所在不明になった場合（不在者）において，その者の遺留財産を保護し，その帰来を待つことをいう。

(1)　管理を必要とする3場合

不在者の財産の管理が必要となる場合は以下の3つの場合である。①不在者が，財産の管理人を置かずに財産を放置し，住所や居所を立ち去り所在不明になったときのその財産を保全する場合(25条1項前段)，②不在者が，財産の管理人（任意代理人）を置き，住所や居所を立ち去り所在不明になったときのその財産を保全する場合，③不在者が，財産の管理人を置かずに財産を放置し，住所や居所を立ち去り所在不明になっていたが，後日財産の管理人を置いた場合である（25条2項）。

①の管理人を置かなかった場合は，その財産は要保護財産となり，本人の意思からも無条件な保護付与の対象となる。②の管理人（任意代理人）をあらかじめ置いている場合は，不在者から委任を受けた管理をすれば問題なく，国家が関与する必要はない。この場合であっても，管理人の権限が消滅したとき（たとえば，任意代理人の契約切れや死亡：25条1項後段）は，その時点からその財産は要保護財産と転じ，また，途中から不在者の生死が不明となったとき，この場合も不在者がその管理人に対し財産管理につき必要な指示をすることが

できなくなるし，管理人も不在者の生死不分明をいいことに不当な管理を行うことも考えるから，その時点からその財産は要保護財産と転じさせるべく措置がとられ（管理人の改任：26条），本人の意思からも無条件な保護付与の対象となる。③の場合は，最初は管理人が置かれていないから，①の場合と同様に，その財産は要保護財産と扱われるが，その後，不在者の意思により管理人が置かれるから要保護財産ではなくなり，家庭裁判所は，その管理人（任意代理人）・利害関係人または検察官の請求により不在者の財産管理人の選任その他の命令を取り消さねばならないことになる（将来に向かってのみ効力が発生する：25条2項）。

(2) 要保護財産の管理

要保護財産の管理を行うには，家庭裁判所は，利害関係人または検察官の請求により必要な処分を行うこととなるが，その最も基礎的なものは，不在者の財産管理人（本質法定代理人）を選任することである（選任管理人）。選任された管理人は，その事務を開始するにあたって，管理すべき財産の目録を作成しなければならない(27条1項本文)。要保護財産を明確にし，不正な財産管理が行われることを未然に防ぐためである。この財産目録を作成するにあたり費用がかかる場合は，不在者の財産から支出することになる（同項但書）。不在者の生死がわからなくなったときもその財産は，要保護財産化する。この場合，家庭裁判所によって任意管理人を改任することもできるが，改任がなされる前，あるいは，改任がなされない場合においても，家庭裁判所は，財産目録の作成を命ずることができる（同条2項）。不在者の財産管理人の職務は，不在者の財産の保存行為であるから，家庭裁判所は，腐敗するおそれのある動産の売却やその他の処分行為を管理人に命ずることができる（同条3項）。

管理人の管理行為は保存行為，管理財産の性質を変えない範囲における利用・改良行為であるが，それを超えて処分行為を行うときは，家庭裁判所の許可を受けなければならない（28条）。管理行為を行うにあたっては，必要に応じて選任管理人から担保を提供させることができる（29条1項）。また，財産管理行為は基本的には無償行為であるが，事務を疎漏なく行わせるため，不在者に財産があり，管理者が資力に乏しい場合，家庭裁判所は，なにがしかの報酬を不在者の財産から支出できる（同条2項）。

《不在者の財産管理の形態》

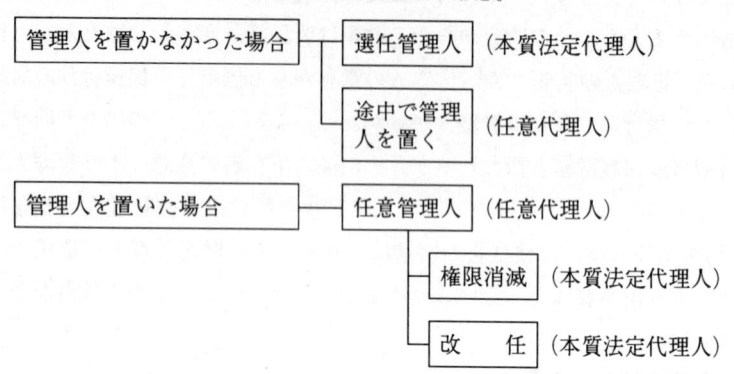

```
管理人を置かなかった場合 ─┬─ 選任管理人　（本質法定代理人）
                          │
                          └─ 途中で管理
                             人を置く　　（任意代理人）

管理人を置いた場合 ─── 任意管理人　（任意代理人）
                       │
                       ├─ 権限消滅　　（本質法定代理人）
                       │
                       └─ 改　　任　　（本質法定代理人）
```

2　失踪宣告

　死亡した確率がきわめて高くとも死体が発見されなければ，不在者という生者である。また，死亡の危難に遭遇したかどうかわからないが，行方不明に陥って長い期間が経つと，血縁者等はその者が死亡したのではないかと疑念を抱いたとしても，不在者という生者である。こういった状態がずっと継続すると，家族や債権者等の利害関係人が迷惑を被ることになる。したがって民法は，一定の条件の下，家庭裁判所が不在者の失踪を宣告することによって，不在者を死亡したとみなし，こういった不安定な状態を解消できるようにしている。

(1) 請求権者

　失踪宣告は，利害関係人の請求によって家庭裁判所が行う (30条)。ここでの利害関係人とは，推定相続人，配偶者，不在者の財産管理人，または，債権者等の失踪宣告によって法律的な利害関係を受ける者をいう。したがって，単なる親友というだけでは請求できない。

(2) 普通失踪と特別失踪

　失踪宣告の請求できるのは，次の2つの場合である。①不在者の生存が確かめられる最後の時（最後の音信の時）から数えて7年間生死が不明な場合 (30条1項)，これを普通失踪と呼ぶ。②戦地に臨んだ者については戦争が止んだ後，沈没した船に乗っていた場合は沈没後，その他生命の危険を伴う危難に遭遇（たとえば，登山者が雪崩に遭いいつまでも下山しない）した者についてはその危難が去った後，1年間なお死体発見にいたらず生死が不明な場合 (同条2

項），これを特別失踪という。特別失踪の期間は当初3年であったが，昭和37年に1年に改正された。

(3) 宣告の効果

不在者の住所地の家庭裁判所は，失踪宣告を行うにあたっては一定期間公示催告を行わなければならない。公示催告もなお失踪者の生死に関し情報が得られない場合は，失踪宣告をなすことになる（家審9条1項甲類4号，家審規38条〜44条）。失踪宣告がなされると，普通失踪の場合は，失踪期間満了の時に死亡したものとみなされる。特別失踪の場合は，37年改正までは期間満了の時であったが，危難の去った時に死亡したものとみなされる（31条）。その結果，婚姻は死亡解消したものとなり，相続が開始され，別段の約款がないかぎり生命保険も請求できる。なお，失踪宣告を受けた者が生物学的・生理学的に，実際は死亡していなかったときは，失踪宣告の取消を待つまでもなく，その者自身については権利能力は失われない。したがって，権利能力にもとづく私権の得喪が否定されないから，自ら失踪宣告の取消請求を行うこともできる。失踪宣告によって第三者により取得された権利についてのみ権利の変動が生ずるのである。

(4) 宣告の取消

失踪者が現に生存している場合，死亡した時が失踪宣告の死亡とみなされる時と異なる場合には，家庭裁判所は，本人または利害関係人の請求により，失踪宣告を取り消すことを要す（32条1項，家審9条1項甲類4号）。失踪宣告が取り消されると，失踪宣告は失効するから原則として失踪宣告はなかったことになる。婚姻は解消せず，失踪宣告後に財産を得た者は返還しなければならない。しかし，この原則をそのままに貫くと，思わぬ損害を至る所に与えるので，民法は2つの例外を与えている。

①失踪宣告後その取消前に「善意ヲ以テ為シタル行為」は，取消にかかわらずその効力は変わらない（32条1項但書）。なお，善意をもってなされた後婚と前婚のいずれを存続させるべきかの問題が生じた場合は，難しい選択になるが，前婚を復活させるべきではないであろう。起草者も同様に考えていた。②失踪宣告により直接財産を得た者は，その取消により権利を失うが，「現ニ利益ヲ受クル限度」で返還すればよい（32条2項）。すなわち，当該財産は失踪宣告の取消により物権的に当該本人に帰属替えとなり，続いてその履行がなされなけれ

ばならない。

3　同時死亡の推定

　親子や夫婦などが同じような時期に死亡した場合に，その死亡の時期の先後によって相続の範囲などが変わってくることがある。こういった場合，誰が先に死亡したか立証しえない場合に，法実践上困難な問題が生起する。たとえば，Aには母親と妻と息子Bがいるとしよう。AとBとが同じ船に乗り合わせ，その船が沈没し2人とも死亡したとする。この場合，AがBより先に死んでいれば，相続人は妻とBということになり，また，Bも後に死亡したから，Aの財産は全部妻が相続することになる。これに対して，BがAより先に死亡したとなれば，Bの相続人はAと妻となる。Aも次いで死亡したのであるから，Aの遺産は母親と妻が相続することになる。

　このように，死亡の先後で権利関係は異なってくるが，その死亡の先後も容易に判断できない場合も，時として起こる。航空機事故や別々の山に登っていた者が同時刻頃雪崩にあって死亡する場合などである。昭和37年の法改正までは，同時に死亡した場合の規定がなかった。このため，遺産を先に占有した者が有利になるといった，腕力支配がまかり通っていた。そこで，死亡の先後が判定しがたい場合は，同時に死亡した者と推定する規定を設けた（32条ノ2）。同時に死亡したものと推定すると，死亡者同士に相続は起こらないから，先の例でいうと，妻と母親が相続人となる。この規定は，推定であるから，みなしと異なり反証（どちらかが先に死亡したという）を挙げることができれば，覆すことができる。しかし，この規定においても，A・B・C親子3代を乗せた乗用車が塀に激突し，B・Cが相前後して死亡したことが目撃者によって立証されたが，Aの死亡時点だけ不明であったような事件においては，同時死亡の推定の規定においてもなおも法実践上難しい問題を残すこととなっている。

《同時死亡の推定における相続関係》

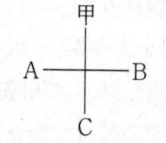

```
  甲
  |
A-+-B
  |
  C
```

A：被相続人，AとBは夫婦，甲は祖母，
CはA・B間の子供

A・Cが同時に危難に遭い，同時に死亡した場合は，相続人は，甲とB

Step up

　A男とB女は，婚姻届けを出していないから，法律上は，夫婦ではなく，内縁関係である。したがって，この両者間には，同時死亡ではなく，死亡の先後が証明されたとしても相続関係は生じない。A男，B女の相続関係は，両者の婚外子が存在しなくて，それぞれの親がいる場合には，それぞれの親が，それぞれの子（A男またはB女）の財産を相続することとなる。

Practice

下記の各問の正誤を答えなさい。

問1． Aが航空機事故に遭い，死亡した者と思われるが遺体は確認できなかった。Aの妻Bは1年を経過していないが，家庭裁判所にAの財産の財産管理人の選任を請求できる。　　　　　　　　　　　　　　　（　　　）

問2． Aはアマゾンの奥地探検に出かけたまま戻ってこない。Aの親友のBは，家庭裁判所にAの財産の管理人選任を請求した。　　　（　　　）

問3． AはBに対し，北極横断に出かける際に，財産の管理を委任していった。しかし，Aがアラスカに入ったと手紙をよこしてから音信を絶った。家庭裁判所は，職権で，Bに対しAの財産の目録の調整を命ずることができる。
　　　　　　　　　　　　　　　　　　　　　　　　　（　　　）

問4． 航空機事故に遭遇し，死亡した先後が不明となった親子は，同時に死亡したものとみなされる。　　　　　　　　　　　　　　　（　　　）

Ⅲ 法　　人

Ⅲ 法　人

No. 12　法人の本質および種類

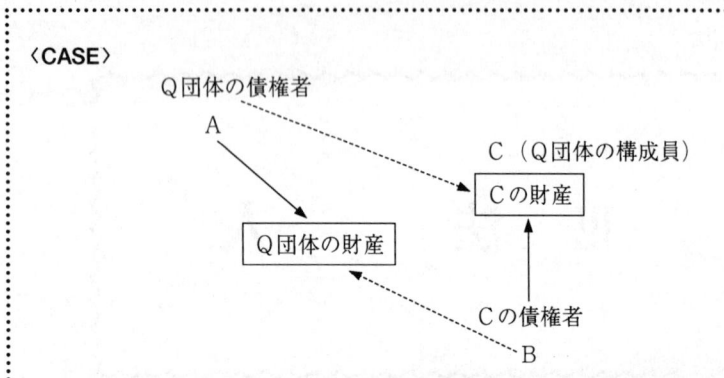

〈CASE〉

```
Q団体の債権者
        A
              C（Q団体の構成員）
              Cの財産
  Q団体の財産
              Cの債権者
        B
```

　Q団体の債権者であるAは，Q団体の構成員であるCの財産から債務を弁済してもらえるか，また，Cの債権者であるBは，Q団体の財産から債務の弁済を受けることができるか。

1　法人の本質

　自然人の生命，活動，財産には限りがあるので，自然人が集合し，あるいは自然人から拠出された財産を基礎として，組織をつくり，それによってそれぞれの目的に応じた社会的活動や事業を継続的に行うことが可能になる。しかしそのためには，その組織と自然人である個人を区別しておかねばならない。自然人である個人と区別されるものを法技術的に法人といっている。それでは，そのような法人の本質は何か，という問いに対して19世紀に主にドイツやフランスで盛んに議論された。これが，いわゆる法人論あるいは法人本質論である。代表的なものとして法人擬制説と法人実在説をあげることができる。

(1) 法人擬制説

　法人擬制説は，サヴィニーが提唱した説であるが，権利・義務の主体はあくまでも自然人であり，法人は法律によって権利・義務の主体として擬制されたにすぎないと考える。すなわちそもそも実体のないものを，あたかも存在する

ものとして法律上認めるということである。自然人である「人」が集まったとき団体になるが，その団体自体に利益が帰属しメンバーの「人」には帰属しない場合，その団体を主体としなければならないので，法律上存在するものとして擬制する。

なお，これに対し，法人自体は実在するものではないが，法人の背後に実質的な主体が存在すると考える法人否認説がある。これは，法人の実体的存在を否定し，法人の実体は個人または財産以外にほかならないとする。プリンツやイェーリング等が主張した。

(2) 法人実在説

法人実在説は，自然人のほかに，擬制ではなく実質的に法的主体になりうるものとして法人を位置づける。法人の実体を，団体意思を有する社会的有機体であると捉えるもの（有機体説・ギールケ）や法律による組織体であると捉えるもの（組織体説・ミシューやサレイユ）などがある。

(3) 法人実在説と法人擬制説の違い

これらの説の違いはまず法人自体の行為というものが認められるのかどうか，というところにある。法人実在説は，法人自体の行為というものを認めるので，たとえば法人の不法行為能力を認める。これに対し，法人擬制説によれば法人自体の行為などは考えられないのであるから，法人の不法行為能力なども否定される。

(4) 現在の法人の捉え方

法人の本質に関する問題は法人がおかれた時代の背景や法人の活動の発展過程に由来するものであり，各学説は法人の有する諸側面をそれぞれ明らかにしてきたと評価することができる，ということを前提に，法人の社会的作用を強調した法人実在説が通説と考えてよいが，現在では法人擬制説も見直されてきていることに注意する必要がある。

2 法人の種類

(1) 社団法人と財団法人

法人はその形態から社団法人と財団法人に分けられる。社団法人は人の集団によって構成され，それに権利能力が与えられるものである。財団法人は財産

Ⅲ 法　人

の集合体であり，それ自体に権利能力が与えられる。

(2)　**営利法人と公益法人**

　法人はその目的に応じて営利法人と公益法人に分けられる。社会全体の利益を目的とし，営利を目的としない法人が公益法人である。「祭祀，宗教，慈善，学術，技芸その他公益に関する社団または財団」であって「営利を目的とせざるもの」ということになる (34条)。これに対して経済的利益を目的とする法人を営利法人という。営利を目的とする社団は商事会社設立の条件に従って法人になることができる (35条1項)。営利目的の社団法人がいわゆる会社であり，商法が適用される (商法52条)。民法は，財団法人としては公益法人しか認めていない。

(3)　**特別法上の法人**

　民法においては法人となることはできないので，法人として認められる根拠を特別法においている法人を，特別法上の法人あるいは中間法人と呼んでいる。農業協同組合法にもとづく農業協同組合や消費者生活協同組合法による生活協同組合などがこれにあたる。

　また，阪神・淡路大震災などの災害に際してその活動が注目されたボランティア活動をする団体についても法人格を与えて，法人としての信用を高め寄付などを受けやすくするために，特定非営利活動促進法 (Non Profit OrganizationのNPOをとってNPO法とも呼ばれる) が1998年12月1日から施行された。同法は法人格付与の要件として，公益性のある活動のうち「環境の保全を図る活動」や「災害救援活動」など12の分野に限定し，さらに民法の許可制度とは異なる「認証制度」を導入している (同法10条・12条)。

(4)　**内国法人と外国法人**

　日本の法律に準拠して設立された法人を日本法人といい，外国法に準拠して設立された法人を外国法人という。民法は，外国法人の認許について規定している (36条)。認許とは，すなわち外国法人がわが国の法律の上でその権利能力を承認することである。認許されるものの種類はきわめて狭く考えられており，現代のグローバル社会における国際的文化交流などの状況に適しないものではないか，という指摘もある。

(5) 公法人と私法人

国家的公共の事務を遂行することを目的とし，公法に準拠して成立した法人を公法人といい，私人の自由な意思決定による事務遂行のために私法に準拠して設立された法人を私法人という。この区別は行政裁判所が存在した時代においては意義のある区別であった。

(6) 法人と類似の制度

法人と類似する制度に組合，信託がある。組合は，組合員が金銭や労務などの出資をして共同の事業を営むことを約束する契約によって形成される団体である(667条)。団体という点で社団法人と類似するが法人格は認められないから，特別の定めがある場合は別として，組合員全員の共同で行為をし，組合員各人の出資した財産・組合の活動によって得た財産は総組合員の財産(合有的帰属)となる。組合は訴訟当事者になれるかどうかについて，判例はこれを肯定する(最判昭37・12・18民集16巻12号2422頁)。(なお，(3)で述べた組合とここでいう組合は異なる。)

信託は，財産を特定の管理者（受託者）に帰属させるが，この財産は管理者の個人財産から区別される，という方法によって財産を管理させる制度である。信託法が，財団法人に代わるものとして公益信託の制度を定めている。すなわち信託者が公益事業のために一定の財産を受託者に信託譲渡し，受託者は受益者の利益のために財産を管理運営する。公益信託は，法的構成は異なるが実質的には財団法人と同じ機能を果たしている。

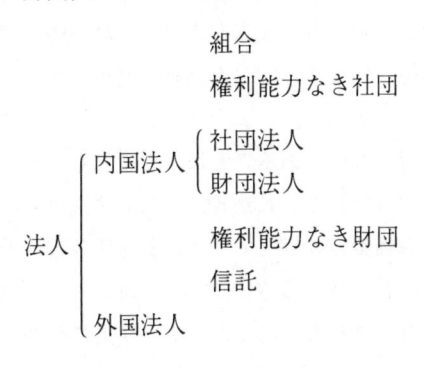

```
                    組合
                    権利能力なき社団
         ┌内国法人┤社団法人
         │        └財団法人
    法人 ┤        権利能力なき財団
         │        信託
         └外国法人
```

Ⅲ 法　人

Step up

　法人は，法人の構成員とは別個の法人格を作り出す法技術である。したがって，〈CASE〉のような場合，Q団体の構成員であるCが，Q団体の債権者であるAのために自分の財産を提供することはない。また，Q団体の構成員Cの債権者であるBは，団体の財産からCの債務を弁済してもらえない。

　しかし実際の法適用の場面で，このような法人と構成員の他人性（構成員と法人は異なる法主体であるということ）を否定しなければならないこともある。これは，判例によって承認されるにいたった「法人格否認の法理」と呼ばれるもので，法律の規定や契約上の義務を回避するためにまたは債権者を害するために濫用した場合（最判昭48・10・26民集27巻9号1240頁，株式会社が商法の規定に準拠して比較的容易に設立されうることに乗じ，取引の相手方からの債務履行請求手続を誤まらせ時間と費用とを浪費させる手段として，旧会社の営業財産をそのまま流用し，商号，代表取締役，営業目的，従業員などが旧会社のそれと同一の新会社を設立したような場合には，形式的には新会社の設立登記がなされていても，新旧両会社の実質は前後同一であり，新会社の設立は旧会社の債務の免脱を目的としてなされた会社制度の濫用であって，このような場合，会社は右取引の相手方に対し，信義則上，新旧両会社が別人格であることを主張できず，相手方は新旧両会社のいずれに対しても右債務についてその責任を追及することができるものと解するのが相当である），あるいは，法人格の濫用とまではいえないが，法人の形式の利用者と法人が実質的・経済的に同一とみられる場合は，法人の形式を無視して実体に即した規範の適用をすることが求められる（最判昭44・2・27民集23巻2号511頁，およそ社団法人において法人とその構成員たる社員とが法律上別個の人格であることはいうまでもなく，このことは社員が一人である場合でも同様である。しかし，およそ法人格の付与は社会的に存在する団体についてその価値を評価してなされる立法政策によるものであって，これを権利主体として表現せしめるに値すると認めるときは，法的技術にもとづいて行われるものなのである。したがって，法人格が全くの形骸にすぎない場合，またはそれが法律の適用を回避するために濫用されるがごとき場合においては，法人格を認めることは，法人格なるものの本来の目的に

照らして許すべからざるものというべきであり，法人格を否認すべきことが要請される場合を生じるのである）。

　なお，法人格否認の法理が適用される場合の基準は，濫用あるいは形骸化という点に限られるのかどうかについては見解の分かれるところである。2つの場合に限定する見解，限定しない見解，濫用の場合に限定すべきであるとする見解などがある。

Practice

下記の各問の正誤を答えなさい。

問1． 社団法人は，人の集まりなので，構成員による総会があるが，財団法人にも総会はある。　　　　　　　　　　　　　　　　（　　　　）

問2． 公益目的でも営利目的でもない，たとえば労働組合や農業協同組合なども法人として認められる。　　　　　　　　　　　　（　　　　）

問3． 外国法人も，日本に事務所を設けたり，移転したりする場合には，登記をしなければならない。　　　　　　　　　　　　　（　　　　）

問4． 法人の1つの種類として営利法人があるが，これは社団法人に限られ，営利の財団法人は存在しない。　　　　　　　　　　　（　　　　）

Ⅲ 法 人

No. 13 　法人の設立

〈CASE〉　Aは，義務教育もやっと卒業することができたというほど経済的に苦しく，高校に進学したかったが断念した。その後，事業の成功によって莫大な財産を築くことができた。そこで，遺産で，優秀であるが経済的に困っている学生を援助するための育英財団を作って欲しい旨の遺言をしたい，と考えているが許されるだろうか。

1　法人設立についての法定主義

　団体を結成することは，憲法でも私的自治の原則からも保障される。しかしながら，法人は，実際上の必要から法技術的に認められたものであるから，どのようなものを法人とするかについては法律の規定によってのみ認められる(33条)。これを法人法定主義という。
　法人の設立になんら形式的要件を設けないで，任意に設立させる考え方（自由設立主義）もある。わが国では認めていない。

2　法人設立の諸主義
(1)　許 可 主 義
　法人の設立を許可するかどうかを主務官庁の自由裁量に任せるものである。民法34条にもとづく公益法人は，主務官庁の許可によって法人が成立する。
(2)　認可（認証）主義
　法律が定める条件を備えて申請すれば，主務官庁は必ず認可（認証）しなければならないとするもので，認可（認証）によって法人が成立する。
　たとえば，NPO法人の場合は，「設立の認証」の申請が，①設立の手続ならびに申請書および定款の内容が法令の規定に適合していること（特定非営利活動促進法12条1項1号），②10人以上の社員を有すること（同項4号）などの要件を備えていると認められるときは，正当な理由のないかぎり，申請書を縦覧に供し

た後2カ月以内に，その設立の認証・不認証をしなければならないとされる（同条2項）。

(3) **準則主義**

法律の定める一定の組織を具備した場合に当然に法人とする主義である。会社（商法57条），有限会社（有限会社法4条），労働組合（労働組合法2条・11条）などである。この主義をとる場合には，通常，その組織内容を公示するために登記・登録が必要とされる。会社は，その組織や構造を取引の相手方に知らせるために，この主義が適する。

(4) **強制主義**

団体が国家・社会一般の利害に重大な関係がある場合に，国家が法人の設立または法人への加入を強制する主義である。弁護士会（弁護士法32条・45条），健康保険組合（健康保険法31条）などである。

(5) **特許主義**

それぞれの法人を設立するために特別の法律があるものをいう。日本銀行，日本放送協会，日本道路公団などがその例である。

3 民法上の法人設立

民法は，公益法人の設立について次のように規定している。

(1) **公益社団法人の設立**

(a) 公益事業を目的とすること　　祭祀・宗教・慈善・学術・技芸その他公益に関する事業を目的とし，営利を目的としないこと（34条）。非営利とは，法人の利益を構成員に分配しないことである，と解される。

(b) 定款の作成　　設立者である複数の人が，どういう社団をつくるかという根本規則を決めなければならない。この根本規則を定款という（37条）。定款には，設立の目的（「本会は学術研究を行うことを目的とする」），名称（「本会は社団法人〇〇〇会と称する」），事務所の所在地，資産に関する規定（資産の総額・内容・管理・会計に関する事項），理事の任免に関する規定，社員の資格得喪に関する規定の諸事項（必要的記載事項）を必ず記載しなければならない。また，定款には上記以外の事項，たとえば社員総会招集の手続，理事の職務権限に関する事項（任意的記載事項）などを定めてもよい。

Ⅲ 法　　人

このような設立行為の性質は，近時の通説では，法人設立という目的のために必ず2人以上の設立者が合同してなすということから，合同行為と解されている。

(c)　主務官庁の許可　　定款の作成だけでは社団法人は設立されたことにはならないのであって，別に主務官庁の許可が必要である。許可は主務官庁の自由裁量による。

許可を得た時が，社団の権利能力発生の時である。すなわち「認可」を効力発生の要件とした。主務官庁とは，法人の目的事業を管掌する各種官庁のことである。

(2)　公益財団法人

(a)　公益事業を目的とすること　　社団法人の場合と同じである（34条）。

(b)　寄附行為の作成　　財団法人の本体は財産であるから，その財産を提供した人が設立者である。設立者は，目的，名称，事務所，資産に関する規定，理事の任免に関する規定（必要的記載事項）を定めた根本規則を定めなければならない。財団を管理・運営するための根本規則を寄附行為という。これは，寄附をするという行為ではなく，財産を提供して財団を設立する行為を寄附行為と呼ぶのである（42条），また根本規則の書面のことも寄附行為という（39条）。財団法人を設立するためにされる寄附行為は，相手方を必要としない単独行為であるが，その一環をなす財産出捐行為が，現実には財団法人設立関係者の通謀にもとづき出捐者において真実財産を出捐する意思がなく単に寄附行為の形式を整える目的で一定の財産を出捐する旨を仮装したというにすぎない場合においては，右事実関係を実質的に考察し，当該寄附行為について民法94条の規定を類推適用してこれを無効と解するのが相当である（最判昭42・6・22民集21巻6号1479頁）。

(c)　主務官庁の許可　　公益社団法人の場合と同じで，許可を得た時が財団の権利能力発生の時である。したがって，寄附行為と法人設立の許可との間に時間的間隔があれば，寄附された財産は，設立許可のあった時から法律上当然に法人に帰属する（42条1項）。

Step up

　財団の設立行為すなわち寄附行為は，遺言によってなされることもある。したがって，〈CASE〉のAは財団を設立することができる。民法42条2項は，遺言によって寄附行為をした場合，遺言が効力を生じたときからその財産は法人に帰属するとしている。なお，この規定の実質的な意味は，寄附行為者の死亡と法人設立の間に時間的隔離が生じて，その間に相続人が寄附財産を他に処分することを排除し，またその間の果実を法人に取得させるということにある。

Practice

下記の各問の正誤を答えなさい。

問1． 法人の設立は，法律の規定によってのみ認められるという法人法定主義をとっている。　　　　　　　　　　　　　　　　　　　（　　　）

問2． 法人たる実体を備えれば，当然法人格が与えられる自由設立主義をわが国はとっていない。　　　　　　　　　　　　　　　　　（　　　）

問3． 国家が法人の設立義務を強制するものとして弁護士会をあげることができる。
　　　　　　　　　　　　　　　　　　　　　　　　　　　（　　　）

問4． 民法は営利を目的としない社団や財団には主務官庁の許可を得なくても法人とすることができるとしている。　　　　　　　　　　（　　　）

No.14　法人の機関

〈CASE〉　Q法人の定款に，Aだけが代表理事として代表しうる旨の定めがあるにもかかわらず，B理事が勝手にQ法人の代表としてQ法人所有の財産をCに売却した場合，Cは保護されるか。

　法人はみずから権利・義務の主体となり，財産取引関係の当事者となるが，法人自体は，自然人と違って肉体や生命を有しないから，法人自体がものを考えたり交渉したりして契約を締結することはできない。法人の行為を法人の名において現実に行う者が必要となってくる。これを法人の機関といっている。

1　理事の地位
　理事は，公益法人の不可欠の執行機関である。外部に対しては法人を代表し，内部にあっては法人の業務を執行する (53条)。なお，定款・寄附行為に規定がある場合は別であるが，そうでなければ執行に関する内部意思の決定は「事務決定に関する多数決の原則」に従う (52条2項)。

(1)　理事の任免
　理事は，総社員から法人の業務執行を委任された者としての地位を有する。理事の定員および任命の方法は，定款または寄附行為によって定まる (37条5号・39条)。理事の任免は，登記しなければ第三者に対抗することができない (46条)。なお，民法46条3項は民事保全法の施行に伴って追加されたものである。

(2)　理事の職務権限
　理事の職務権限は，対外的な代表権と対内的な業務執行権とに分かれる。理事の代表権は法人の一切の事務に及ぶことを原則とする。理事は，法令・定款・寄附行為または社員総会の決議によって制限されないかぎり，法人の内部的事務を処理する。理事が数人いるときには，各理事は代表権を持つ。すなわ

ち原則として各自が単独で法人を代表して裁判上，裁判外の行為をする権限を有する。理事の代表権に対する制限としては，定款・寄附行為または総会の決議による制限がある（53条）。ただし，この制限は善意の第三者に対抗することはできない（54条）。

理事の代表権が制限されるもう1つの場合は，法人の土地を理事が相場よりも著しく安く購入するという場合や，法人の土地を担保に理事が個人的に銀行から金銭を借り受ける場合のように，法人と理事との利益が相反する場合である（57条）。利益相反の場合には，理事は代表権を有せず，特別代理人の選任を必要とする（同条）。理事がもっぱら自己の利益をはかり，法人の利益を犠牲にするのを防止するためである。

(3) 理事の代表権の一部委任（復任権）

理事は，定款，寄附行為または総会の決議により禁止されないかぎり，特定の行為について代理人を選任してこれに委任することができる（55条）。

2 監　　事

監事は，法人の財産状況および業務を執行する機関の働き具合を監視する法人の機関である（59条）。監事は，定款・寄附行為または社員総会の決議によっておくことのできる任意機関であって（58条），理事のような必須の機関ではない。

3 社 員 総 会

一般に，社団法人においては，社員は社員たる地位にもとづいていろいろな権能と義務を有する。社員が社団法人に対して有する地位を社員権という。

社員総会は，社団法人の最高意思決定機関であって，総社員をもって組織される必要的最高機関である。株式会社の株主総会がこれに該当する。

通常総会は，理事が，少なくとも毎年1回，原則として定款所定の時期に招集する（60条）。

決議事項は，定款に別段の定めのないかぎり，招集に際しあらかじめ通知した事項に限る（64条）。各社員の表決権は平等である。決議の方法は原則として過半数による。ただし，定款の変更および任意解散については総社員の4分の

3以上の同意を要する (38条1項・69条)。

株式会社の株主のような，団体の一員たる地位である。

4 法人の登記

法人の組織・社員・財産状態などの内部事情は，その法人と利害関係にある人にとって，きわめて重要性をもつ。そこで民法は，一定の組織を有するかどうかを監督し，かつ組織内容を一般第三者に知らせてその利益をはかるために，登記制度を設けた。

(1) 設立登記

法人が設立されたときは，法人の理事または監事は，一定の期間内（主たる事務所所在地では2週間内に，その他の事務所所在地では3週間内）に，一定の事項（目的・名称・事務所・設立許可の年月日・理事の氏名，住所など）を登記しなければならない (45条～47条)。

(2) 変更登記

理事の再任，解任など登記事項に変更を生じた場合には，一定期間内に変更登記しなくてはならない (46条)。理事の退任登記がなされたときは，法人は，上記理事の代表権の喪失を善意の第三者に対抗できる。

(3) その他

登記には，事務所の新設または移転の登記 (45条3項・48条)，法人が解散したときの解散登記 (77条1項) がある。

5 法人の監督

法人の設立につき許可主義をとった結果として，法人の業務は，設立許可を与えた主務官庁の監督に服するものとされる。主務官庁はいつでも職権をもって法人の業務および財産の状況を検査することができ (67条)，監督権の行使は，設立許可の取消 (71条) や過料の制裁 (84条3号) に及ぶ。

なお，行政事務に関する国と地方の関係等の整理および合理化に関する法律の成立に伴い，主務官庁の権限を行政官庁に委任することができるようになった (83条の2)。

Step up

　定款や寄附行為，総会の決議で，特定の理事だけに代表権がある，あるいは，ほかの理事と協議しなければ代表権がない，と定めてもこれらの制限は外部の者には認識することはできないので，取引の安全から善意の第三者を保護しなければならない（54条）。

　〈CASE〉のような場合，Cがこのような制限があるということを知っていたならば（悪意の第三者），民法54条によって保護されない。Cが定款によってAだけが代表理事であると定められていることを知らなかったときは（善意の第三者），Q法人はCに対して無効を主張しえない。Cは，所有権を取得することになる。

　法人の代表権は制限されていることを知っていたが，当該行為につき代表権があると第三者がその外観を信じて取引をした場合は，相手方が善意無過失のとき民法110条によって法人に責任あるとする判例がある（最判昭60・11・29民集39巻7号1760頁）。

Practice

下記の各問の正誤を答えなさい。

問1．公益社団法人には社員総会，理事・監事という機関がおかれる。
　　　　　　　　　　　　　　　　　　　　　　　　　　　（　　　）

問2．社員総会は最高の意思決定機関で，株式会社でいう株主総会にあたる。
　　　　　　　　　　　　　　　　　　　　　　　　　　　（　　　）

問3．社員は商法上の社員と同じ意味で従業員という意味である。（　　　）

問4．監事は必ずおかなければならないというわけではない。　（　　　）

III 法　人

No. 15 ｜ 法人の能力（目的の範囲とはなにか）

〈CASE〉　A会社の代表取締役Bは，会社を代表してC政党に政治献金をした。この行為は，会社の目的の範囲内として認められるか。

1　法人の権利能力

法人も自然人と同じく法によって法人格を付与されたものであるから，権利能力を有する。それは，財産権はもちろん，個別的な人格権的諸権利も含まれ，法人の名誉が侵害された場合にも法人に損害賠償請求権があるとされる(最判昭39・1・28民集18巻1号136頁)。

2　法人の権利能力の制限

(1)　**性質による制限**

法人は，自然人と違い生命・肉体を有しないから，性，年齢，親族関係等に関する権利・義務（親権，後見人となる権利，生命権）は享有することができない。したがって法人は，精神的苦痛の損害賠償いわゆる慰謝料請求権のような権利も享有しえないとされる。

(2)　**法令による制限**

法人の権利能力は，法によって付与されたものであるから，その権利能力の範囲も法令の制限に服することになる。しかし実際に法令の規定で権利能力を制限したものはなく，たとえば，会社は他の会社の無限責任社員となることができないという規定（商55条）のように，個別的制限が存するだけである。

(3)　**目的による制限**

法人は，一定の目的のために組織され活動するものであるから，その権利能力の範囲も，その目的によって制限される。民法43条は「法人ハ……定款又ハ寄附行為ニ因リテ定マリタル目的ノ範囲内ニ於テ権利ヲ有シ義務ヲ負フ」と規定している。法人は，その目的の範囲外の権利能力を享有できないわけである。

3 法人の行為能力

　民法43条でいう「目的ノ範囲内」とは，法人の何についてその範囲の限界とするのか，この解釈をめぐって次のような争いがある。

　権利能力・行為能力制限説は，この規定は一般に権利能力に関する制限を定めた規定であると同時に行為能力の範囲（制限）を定めた規定であるとし，法人実在説にたった通説といわれた見解である。

　行為能力制限説は，43条は法人の行為能力の範囲を定めたものとする。すなわち，43条の「目的ノ範囲」とは，法人の享有しうる権利の種類がその法人の目的によって制限されるという意味ではなくて，その目的の範囲内の行為によって権利を有し義務を負う意味であるとする。

　代理権制限説は，法人の取引活動は理事という法人の事務処理者による代理行為であるから，同条によって制限されるのは，法人（すなわち理事）の活動およびその結果としての権利・義務の帰属の範囲である，とする。

　この学説の差異は，たとえば，理事が目的の範囲を超えて法律行為をした場合，権利能力・行為能力制限説では，法人にはこのような権利能力はないから，法人との関係においてなんら法的効果は生じないことになる。行為能力制限説でも同じ結論になる。代理権制限説では，目的の範囲外の事項でも，当該法人にとってはなお権利能力を有する事項とされ，理事の目的範囲外の行為は，権限踰越の無権代理行為（ないしは表見代理）となり，取引法の一般原則で法人の法律関係を処理する。法人の行為能力の目的による制限は理事の代理権の制限に他ならない。

　なお，商法学説では，会社の活動範囲が広く，それが会社の目的の範囲内であるかどうかの判断が困難なことから，取引の安全を図るため，民法43条を会社に準用することを否定しようとする見解が多い。

　判例は，定款所定の目的である事業自体に属する行為だけでなく，目的である事業を遂行するについて必要な事項は目的の範囲内の行為であるという客観的・抽象的基準説を打ち出した（最判昭27・2・15民集6巻2号77頁）。会社の行為がその目的遂行に必要であるかどうかは，定款記載の目的自体から観察して，客観的に抽象的に必要であり得るかどうかの基準に従って決められる。「目的遂行に必要な行為」という一般条項的な表現を用い，一方では法人の財政的基

礎の安定，一方では相手方の利益保護の調整を図ることによって具体的妥当性を追求してきた。しかしながら，取引秩序安定の要請から，あらゆる種類の取引行為が目的範囲内とされることになった。

Step up

〈CASE〉は，営利法人における定款所定の目的の意義に関するものであるが，これまでのような営利行為に関するものではない。献金という非営利行為についてである。

判例（最大判昭45・6・24民集24巻6号625頁）は，会社の規模，経営実績，その他社会的経済的地位および寄附の相手方など諸般の事情を考慮して，合理的な範囲内においてその金額を決すべきであるとしている。すなわち社会的実在としての会社の役割として政治献金という非営利行為も目的内としたのである。企業の公共的性格の要請からくるものであるとされる。会社は定款に定められた目的の範囲内において権利能力を有するわけであるが，目的の範囲内の行為とは，定款に明示された目的自体に限定されず，その目的を遂行する上に直接または間接に必要な行為であれば，すべてこれに含まれる。必要であるかどうかについては，その行為が目的遂行上現実に必要であったかどうかをもってこれを決すべきではなく，行為の客観的な性質に即し，抽象的に判断されなければならない。

営利法人の非営利行為については，諸般の事情を考慮して当該会社の公共的性格から社会的相当性の認められる場合は目的内と考えられる。

Bの行為は，具体的事情を考慮して判断されることになる。

これに対して，公益法人は，一定の財産を基礎として公益目的を達成しなければならないため，財産が公益事業以外に流出しないよう財産の確保が要請される。またさまざまなものがあるため，あくまでも目的の範囲による制限を前提とし個別的な事情に応じて判断することになるが，営利法人と比較して厳格に目的の範囲が判断される。

したがって，公益法人の場合，目的の範囲を厳格に解し，法人の財政的基礎の安定をはかるべきで，特殊公益法人である税理士会が，特定の政治団体に政治献金をする決議は，税理士の政治活動の自由を侵害する結果となり目的範囲

外としてこれを無効とした判例がある（最判平8・3・19民集50巻3号615頁）。

Practice

下記の各問の正誤を答えなさい。

問1. 法人の権利能力は，性質，法令，目的によって制限を受ける。（　　　　）

問2. 法人は法令の規定に従い，定款または寄附行為によって定められた目的の範囲内において権利を有し，義務を負うということになっている。（　　　　）

問3. 民法43条の「目的の範囲」には，株式会社が政党に政治献金をすることも入るとする判例がある。　　　　　　　　　　　　　　　　　（　　　　）

問4. 法人の目的の範囲内であるが，内部的制限を超えてなされた行為は法人の行為といえないので，第三者は保護されない。　　　　　　　（　　　　）

No. 16　法人の不法行為能力

〈CASE〉　A倉庫会社の代表者Bが，保管している小麦粉100トンについて預り証を回収せずに違法に庫出しを行ったため，小麦粉に質権を有していたC銀行が賠償請求をした場合，A倉庫会社はその責任を負わなければならないか。

1　法人の不法行為責任の態様

法人の不法行為責任
- 構成員の行為を媒介とする責任
  - ①「理事その他の代理人」の加害行為によって責任が生じる場合（44条）
  - ②被用者の加害行為によって責任が生じる場合（715条）
- 法人自身が直接不法行為責任を負う場合
  - ①欠陥ある土地工作物についての所有者責任（717条）
  - ②製造物責任（製造物責任法3条）
  - ③組織体としての不法行為による法人の責任（709条）

2　民法44条の法人の不法行為責任

　民法44条は，法人の代表機関がその職務を行うにつき他人に損害を加えた場合，法人はその損害の賠償責任を負うものとした。本来，目的の範囲内においてのみ法人の行為というものがありうるとしたら，法人が不法行為をするということはありえないといえる。しかし，実際に法人の行為が他人に損害を加える場合がありうるため，民法はこのような規定を設けたのである。

民法44条は法人の不法行為能力を認めたものであるかどうか、法人実在説と法人擬制説では理解が異なる。法人実在説では、代表機関たる理事の行為が法人自体の行為であり、したがって、理事の不法行為は法人の不法行為であるとして、法人の不法行為能力を認める。同条は、法人の不法行為能力についての注意規定にすぎない。これに対して、法人擬制説によると、法人の行為ならびに不法行為は存在せず、民法44条は、ただ理事その他の代表機関の加えた損害について法人に賠償責任があることを政策的に規定したことになる。したがって、法人の不法行為責任は、つねに他人の行為について認められる代理責任ということになる。

3 民法44条の法人の不法行為責任の要件

(1) 法人の代表機関の行為であること

民法44条1項にいう「理事其他ノ代理人」とは、理事・仮理事・清算人などの代表機関である。対外的に代表権限をもたない監事や社員総会は含まれない。被用者が第三者に加害したときには、法人は使用者責任を負うことになる（715条）。

(2) 職務を行うにつき他人に損害を加えたこと

職務行為とは、理事その他の代表機関がその資格をもって法人の業務を執行する際にした行為を意味する。

職務行為の範囲については、外形上目的の範囲内の行為と認められる場合はもちろん、それ自体としては本来職務行為に属さないが、職務行為と相当な牽連関係にたつ行為による場合も含むと解される。職務行為かどうかは、客観的に行為の外形から判断されなければならないとされる。外形標準説、外形理論と呼ばれるものである。

法人の代表機関が、法令の制限に違反し無権限または権限を超えて不正な代表行為をした場合、法人は責任を負うか、負うとしたらいかなる責任を負うのか。実際に市町村長の法令違反の越権代表行為で問題となる。この場合民法44条による不法行為責任を負うのか、民法110条の表見代理責任を負うのか、学説は分かれる。

民法44条と110条との関係については、取引の安全を優先すべきであると考

えられるときは110条のみが適用されるとする説，110条を優先的に適用すると考える説，公法人の法律行為については，44条・110条いずれを適用してよいとする説などである。

(3) 理事の行為が不法行為の一般的成立要件を具備すること (709条以下)

行為者に故意または過失のあること，被害者の権利が侵害されたこと，被害者が損害を蒙ったことなどである。

4　理事の個人的責任

法人が賠償責任を負担しても，理事その他の代表機関の行った不法行為であることにはかわりがないので，機関たる理事個人もまた，連帯して不法行為責任を負う。

法人の代表機関による不法行為が，職務を行うにつきなされたものと認められないときは（法人の目的範囲外の行為），法人に賠償責任はなく，その事項の議決に賛成した社員・理事およびこれを行った理事その他の代理人が共同責任を負い，連帯して損害賠償の責任を負うべきものとして (44条2項)，被害者の保護をはかった。

なお，法人の理事以外の被用者の不法行為についても，法人が使用者責任を負うことは，民法715条の規定によって明らかである。学説は，民法44条1項は法人自体の不法行為責任，民法715条は被用者の不法行為に対する使用者責任を定めたものとし，並行的に扱っている。

5　組織体としての法人の不法行為責任

民法709条を法人に直接的に適用できるかについては議論のあるところである。熊本水俣病事件では，「廃水の放流は被告（会社）の企業活動そのものであって，法人の代表機関がその職務を行う上で他人に損害を加えたり (44条1項)，あるいは被用者が使用者の事業の執行につき第三者に損害を加えたり (715条1項) したときのように，特定の人の不法行為について法人（使用者）が責任を負うべき場合とは自らその本質を異にするものというべきであるから被告（会社）は民法第709条によって原告らの蒙った損害を賠償すべき責任があるものといわなければならない」と判示している (熊本地判昭48・3・20判時696号15頁)。

このように民法709条によって公害訴訟における企業の責任を追及するという方法は新潟水俣病事件（新潟地判昭46・9・29下民集22巻9＝10号別冊1頁）などにもみられる。

Step up

〈CASE〉において，代表者Bの行ったことは職務そのものではない。しかし保管商品の庫出しという行為の外形は会社の職務の範囲内であり，普段しない特別な行為ではない。このような点から，民法44条の適用が認められる。民法715条の「事業の執行に付き」の解釈と同じで外形理論と呼ばれる。

Practice

下記の各問の正誤を答えなさい。

問1．法人が不法行為責任を負うためには，その職務を行うについて他人に損害を加えたことが必要であるが，民法715条の「事業ノ執行ニ付キ」ということと同義と考えてよい。　　　　　　　　　　　　　　　（　　　　）

問2．判例は「職務ヲ行フニ付キ」とは，行為の外形上職務行為自体と認められるものおよび社会通念上これと適当な牽連関係に立つ，としている。（　　　　）

問3．法人実在説でも法人擬制説でも，法人の不法行為能力は肯定される。
　　　　　　　　　　　　　　　　　　　　　　　　　　　（　　　　）

問4．法人が不法行為責任を負うためには，法人の代表機関の行為であることが必要である。　　　　　　　　　　　　　　　　　　　　　（　　　　）

Ⅲ 法　人

No. 17　権利能力なき社団（財団）

〈CASE〉　集団給食の栄養管理の向上などを目的として栄養士らが中心になって設立したＱ食品協会の代表Ａは，協会を代理してＢから借金をし，行方をくらましてしまった。Ｂは，Ｑ食品協会の構成員であるＣなどに対して債務の弁済を求めることはできるだろうか。

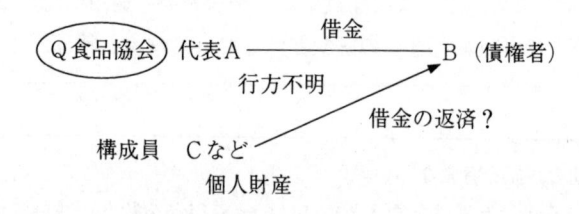

```
                       借金
 Ｑ食品協会  代表Ａ ─────→ Ｂ（債権者）
            行方不明  ↗
                借金の返済？
      構成員　Ｃなど
            個人財産
```

1　権利能力なき社団

　公益をも営利をも目的としない中間的な団体は，特別法の規定がないと法人にはなれない。たとえば，学術団体・学友会・町内会・クラブ等の団体である。これらの団体は，社団としての実体を有しながら，法律上，権利・義務の帰属主体になれないので，一般に「権利能力なき社団」と呼ばれている。

　権利能力なき社団については，民法に規定がなく，しかも法人格を有しないことから，従来，組合規定を適用するほかはないとする見解もあったが，最近の学説では，社団としてその独立性を承認し，社団法人に準じた構成を与えようとしている。このような社団は，一定の規則のもとに，内部的な管理は社団法人と同じように多数決で処理し，外部に対する行為は理事などの代表機関があたっており，その財産も各構成員に直接帰属するのではなく団体自体に帰属している。債務も，構成員は会費その他規約によって負担した債務以上の責任は負わないものとされる。

2 権利能力なき財団

　一定の目的に寄附された財産を中心としてこれを運営する組織を有するもので，その実体が財団法人と同じであるにもかかわらず，主として法律上の技術的要件を欠くために法人格を有しないものである。権利能力なき財団を構成する財産は，目的財産であって，寄附者や財産管理者の個人財産とは分別管理され，独立の存在を有するものである。

3 権利能力なき社団の法律関係

　権利能力なき社団は，団体としての組織，代表の方法，総会の運営，財産管理等，社団としての実体を備える必要があり，財産は社団を構成する総社員の総有に属するとされた。これについては，学説上，合有説や単独所有説，信託説を主張するものもある。

　社団財産に属する不動産は，「社団名の登記」や「肩書つき代表者の登記」をすることを判例や登記実務は認めていない（最判昭47・6・2民集26巻5号957頁）。代表者の個人名義で登記するか，構成員全員の共有名義で登記するほかないとする。

　以上のことはどのような問題が含まれているか，下記の場合を想定して考えてみる。

```
          権利能力なき社団R
             不動産   売却・移転登記    U
                       ───────→
             L名義
```

　権利能力なき社団Rが，その財産である不動産を代表者の1人L名義で登記していた。しかしLは，私利を図る目的でこれを第三者Uに売り渡し移転登記をした。このような場合，RとUの法律関係はどのように考えられるか，ということである。

　第1に，権利能力なき社団の財産は実質的に社団自体に帰属するが法人格を欠くのでその帰属形態をどのように考えるか，という問題がある。これは前述したように判例・通説においては総有説をとるので，権利能力なき社団の財産は社団を構成する者のいわゆる総有に属する。

　第2に，総有的に帰属した不動産はいかに公示されるか，問題になる。判

例・登記実務においては，代表者個人名義でするか，社団構成員全員の共有名義で登記するしかないとしている。不動産の実質的な所有者と代表個人名義の登記は一致しないことになる。すなわち真正の権利者と登記名義人は一致しない。

第3に，権利能力なき社団の代表者Lが私利を図る目的で不動産をUに売却した場合，どのように処理されるかである。一般に代表権濫用，すなわち団体（本人）の代表者が，内心において団体の利益を図る意思がなく，自己または第三者の利益を図る目的で代表行為を行った場合の問題となる。判例・通説は，代表者Lが自己または第三者の利益を図る意思を持って代表行為をしても，相手方Uがその背信的意思を知っていたか，知ることができるという場合は別であるが，権限内行為として有効に成立すると考えている。

第4に，登記簿に所有者として記載されている者から不動産を取得した善意の第三者は，不実登記であっても民法94条2項が類推適用され保護される。権利能力なき社団の不動産の登記は不動産登記法上，社団名義登記や代表者の肩書を付記した登記を認めないとするのが判例・登記実務である。したがって，不動産登記法上代表者個人名義すなわち不実登記が余儀なくされている。

上記のように代表者が自己の名で不動産を処分した場合，相手方との関係では民法94条2項の類推適用の可否が問題になる。94条2項類推適用の法理は虚偽の外観すなわち不実登記を作出した者の帰責性にもとづいて考えられる。が，前述したように権利能力なき社団の場合代表者個人の名義が余儀なくされている。このような状況のもとにおいて，権利能力なき社団の帰責性をどのように考えるかであるが，94条2項を社団Rに類推するだけの帰責性は否定されるとするのが妥当であろう。

なお，代表者Lの個人債権者が，権利能力のない社団Rの財産であるが代表者Lの個人名義で登記されている不動産を強制執行してきた場合，判例（東京地判昭59・1・19判時1125号130頁）は，代表者個人名義でしか登記する方法のない社団であるということを配慮し，社団に代表者個人名義で第三者に対抗することができるとしている。

Step up

　判例（最判昭48・10・9民集27巻9号1129頁）は，〈**CASE**〉のような場合，Q食品協会は権利能力なき社団であるとし，その代表者が社団の名においてした取引上の社団債務については，社団構成員全員に1個の義務として総有的に帰属し，社団の総有財産だけがその責任財産となり，構成員各自は取引の相手方に対し，直接的には個人的債務ないし責任を負わない，としている。権利能力なき社団の構成員が団体の債務について弁済の責任を負うかどうかの問題に関する最高裁の判断である。学説においては権利能力なき社団が公益目的のものについては民法の公益社団法人と同じく有限責任とし，営利目的のものは，構成員に利益配分があるので無限責任とすべきである，とするものもある。

Practice

　下記の各問の正誤を答えなさい。

問1. 権利能力なき社団の代表者が社団の名においてした取引によって生じた債務は，直接構成員の個人的債務になる。　　　　　　　　　（　　　　　）

問2. 権利能力なき社団において，民法の組合の規定を適用すべきではない，とするのが多数説である。　　　　　　　　　　　　　（　　　　　）

問3. 権利能力なき社団の例として，大学の同窓会などをあげることができる。
　　　　　　　　　　　　　　　　　　　　　　　　　　　（　　　　　）

問4. 権利能力なき財団については，財団法人の規定を準用することができる。
　　　　　　　　　　　　　　　　　　　　　　　　　　　（　　　　　）

Ⅳ 物

No. 18　物とはなにか

〈CASE〉 養子が実家に帰って自殺したので，実父母が葬儀を行い実家の墓地に埋葬したのに対して，養親がその遺骨の引渡を請求した場合，これは容認されるか。

1　物の意義

　人は法律上権利の主体であって，権利の客体になることはない。したがって，人身売買のように人をあたかも物と同じように扱う取引は許されない。しかし，人の身体から分離した毛髪や歯，最近では臓器の一部なども物として取り扱われるし，死んで屍体となったり，さらに遺骨にされた場合も物として所有権の対象とされる。

　民法85条は，物は「有体物」であるとしている。人が物理的に支配し，所有権を及ぼすことができるものという意味である。これによれば，液体・固体・気体は物だが，電気・熱・光などのエネルギーは物でないことになる。しかし，最近の科学技術の進歩は，既成概念を覆し，新たな価値を創造している。そこで，物の概念を「有体物」からやや広げて「人が支配・管理可能な物」とすれば，エネルギーも物とすることができる（有力説）。

　刑法245条は，電気を財物とみなしているから，電気を不当に窃取した場合には，窃盗罪となる（明治時代に電気をメーターを通さずに使用した者に窃盗罪を適用するか否かが問われた。大判明36・5・21刑録9輯874頁）。

2　一物一権主義

　「物の一部は物でなく，物の集まりもまた物でない」といわれるように1つの所有権の客体は，1つの物でなければならないとする原則を一物一権主義という。したがって，①1つの物の部分には独立の所有権は存在しえないし，②複数の物の総体の上には1つの所有権は存在しないことになる。

一物であるか否かの規準は必ずしも明確ではないが、結局取引社会の通念によって定められる。以下に問題となるものをあげておく。

(1) **物の一部に独立した所有権が認められたもの**

土地の大小を問わず、登記簿上一個の物とされている土地は、一筆の土地と呼ばれる。土地の分割手続は、分筆によって行われ、複数の土地(数筆の土地)を一筆に統合する場合は、合筆手続を行う。しかし、土地を細分化して所有することはあくまでも人為的にしかも観念的に行われるから、大きな土地の一部を時効によって取得したり(大判大13・10・7民集3巻509頁)、分筆手続を経ないまま土地の一部を売却してしまうことも可能であるとされる(最判昭30・6・24民集9巻7号919頁)。

家屋については、近時集合住宅が一般化し、マンション等の区分所有が認められている。本来、一個の建物には一個の所有権しか存在しないが、利用形態上独立している建物空間に対して個々別々に所有権を認めている(建物の区分所有等に関する法律1条)。

(2) **集合物を1つの物としてとらえる**

本来独立の物として扱われている物が複数結合されて取引上1個の物として取り扱われている場合や、未分離の果実等の取引における樹木の集団や密柑・桑葉・稲立毛等のように、物の集合体を取引の対象とする場合にも集合物という概念が使われる。集合物の概念は、時代の推移とともに変容した。民法施行後間もなく、企業を構成する総財産の集合体を一括して担保に供する財団抵当制度(工場抵当法、鉄道抵当法、鉱業抵当法)が設けられ、さらに債権や顧客などを含む包括的な企業全体に1個の担保権を認める企業担保法が設けられた。現在では、一歩進んで商店内の商品全体を1個の担保権の客体とする手法が下級審判決で認められ、最高裁も集合動産の上に譲渡担保の成立を認めている(最判昭54・2・15民集33巻1号51頁)。

3 物の分類

物は、その個性に応じてさまざまな基準で分類される。民法では、動産と不動産、主物と従物、元物と果実という三種についてだけ規定している。ここでは、民法以外の分類について述べる。

Ⅳ 物

(1) 融通物と不融通物

私法上の取引可能な客体とそうでないものの分類。麻薬やピストルのような禁制物は不融通物である。

(2) 可分物と不可分物

分割するとその物の性質や価値が著しく損なわれてしまう物と金銭や穀物などのように分割が可能な物の区別である。

(3) 代替物と不代替物

取引上その物の個性が重視される物（不代替物）と大量生産によって同じ物がたくさん商品化されている場合に分ける。特定物と不特定物の分類との差異に注意を要する。

(4) 消費物と非消費物

同一主体が何回でも使用できる土地・建物・機械を非消費物といい，1回の使用でその存在を失ってしまう飲食物や金銭などを消費物という。

(5) 特定物と不特定物

具体的な取引において，当事者が物の個性を重視し，目的物を限定してしまう場合を特定物，他の物を目的物とする余地のある場合を不特定物という。取替えがきくか否かの分類とは異なり，たくさんある同品質のビールの中から取り出した「ビール50本」を特定物とすることができる。給付すべき物が特定すれば，売主（債務者）は，買主（債権者）に特定した物を引き渡せばよいことになる。ここでは，所有権の移転と危険の移転が論点となる。

Step up

●遺骨の所有権は誰に帰属するか　〈CASE〉における遺骨は，人体の一部と同様に物として所有権の対象とされる。その所有権は相続人に帰属し，他の財貨と異なり放棄は許されない（大判昭2・5・27民集6巻30頁）。〈CASE〉ではすでに埋葬を終えた遺骨の引渡を養親である相続人が求めたものである。判例は，相続人の請求を認めたが（前掲判例），異論も多い。遺骨の埋葬については，喪主たるべき人が，親族の意思と慣習にもとづいて決すべきである。

Practice

下記の各問の正誤を答えなさい。

問1．遺骨の所有権は相続人に帰属し，相続人はこれを放棄できない。
(   )

問2．麻薬やダイナマイトは禁制物と呼ばれ，誰でもこれを取り扱うことはできないので不融通物とされる。
(   )

問3．倉庫に預けてあるカラーテレビ100台を1つの物として担保に供することができる。
(   )

問4．特定物とは物の個性に着目した物の分類で，不代替物と同じ意味である。
(   )

問5．集合動産を譲渡担保の目的とすることができる。　(   )

問6．世の中に広く流通している代替物であっても，特定すれば特定物となって，債務者はその特定した物を債権者に引き渡せばよいことになる。
(   )

No. 19　土地の定著物とはなにか

〈CASE〉　AはB所有の土地上に借地権を取得して，家を新築中である。この家の登記は，建築過程のどの段階で可能だろうか。

1　不　動　産

民法86条1項は，「土地及ヒ其定著物（定着物という表記でもよい）ハ之ヲ不動産トスル」という。

(1)　土　　地

土地とは，地表面だけでなく，利用可能なその上下を含む立体的な範囲をいう(207条)。土地は，自然状態では境界がないので，人為的に区画して地番をつけ，一筆の土地として個別化し登記され，権利の客体となる。この土地の単位は，あくまでも人為的なものであるから，二筆以上の土地を一筆にまとめることもできるし（合筆），一筆の土地を二筆以上に分けることも可能である（分筆）。判例は，No. 18で述べたとおり一筆の土地の一部について時効取得を認め，分筆手続を経ないでした土地の一部の売却も可能としている。

土地には，土地を構成する土，砂利，岩石はもちろん，地下水や自然湧水も含まれるが，流水は含まれない。また地下資源については，鉱業法によって土地の所有権から除外されている。温泉も温泉法によって制限される場合がある。

土地の限界については，地表であっても私権の目的とされない部分，すなわち公有水面下の土地や河川の流水下の土地は，所有権の客体とならない。

(2)　定　著　物

土地の定著物とは，土地に継続的に定着し，付着したまま使用されることが取引上の性質とみられることが必要である。定着物には，建物のほか石垣，庭石，樹木，沓脱石（くつぬぎいし），溝渠（こうきょ）等があるが，その不動産としての取扱いは一様ではない。

(a)　建物　　建物は，土地とは独立した不動産として登記され（不動産登記法

14条)，土地と建物が同一人の所有の場合でも，それぞれ別個独立の所有権の客体となる。

建物がいつから独立の不動産となるかは，建築中の建物をめぐってしばしば問題とされる。判例は，木材を組み立てて地上に定着させ屋根を葺きあげただけでは，建物といえない（大判大15・2・22民集5巻99頁）が，住宅用でないものは天井や床ができていなくても屋根瓦が葺かれ，周壁として荒壁が塗られ，独立して雨風をしのげる段階に至れば建物といえるとしている（大判昭10・10・1民集14巻1671頁）。建物の表示登記をする場合の認定基準として，不動産登記事務取扱手続準則136条1項は，「建物とは，屋根および周壁またはこれに類するものを有し，土地に定着した建造物であって，その目的とする用途に供し得る状態にある」ものという一般基準を定めている。

建物の個数については，一般に建物登記簿の表題部に登記されたものが1個の建物である。物置や便所等が母屋と別棟になっていても，登記簿上は附属建物として登記されていれば，法律上主たる建物とあわせて1個の建物として扱われる。

なお，建物の構成部分とみられる庇や湯屋の洗場は，建物の一部であって，独立の物ではない。

増築部分が独立の不動産となるかどうかが争われた事案について，判例は，増築部分を除くと，既設部分だけでは経済上の独立性を失う場合には，増築部分を独立の不動産とすることはできないとしている（最判昭31・10・9裁判集民23号421頁）。

(b)　立木等　立木（りゅうぼく）は，原則として土地の定着物として扱われ，土地が処分されれば土地とともに買主の所有となる。しかし，わが国の慣行では，古くから土地とは別に樹木の集団を独立したものとして取引してきた。立木法は，一定の条件のもとに立木を独立の不動産とした（立木法1条）。立木法の登記を備えた立木は，土地とは別個独立した不動産となる（同法2条）。登記された立木には，所有権，抵当権，先取特権のみが成立する。

立木法の適用を受けない樹木の集団でも，取引の実情にしたがいある程度独立したものとして扱われている。土地所有権とは別個独立した物として取り引きされ，明認方法（木を削って所有者の氏名を墨書きするなど）が施されれば，

第三者にも対抗することができる（最判昭34・8・7民集13巻10号1223頁）。

　未分離の果実や桑葉等の取引においても，明認方法が施されれば，土地とは別個の物（動産）として扱われる。

　(c)　石垣・溝渠・沓脱石など　　石垣・溝渠・沓脱石などは，土地に定著する土地の一部分とされ，土地所有権の移転に伴って，運命をともにすることになる。地中の岩石や土砂と同じように土地の構成部分と同様に扱われるのである。

2　動　　産

　不動産以外の物はすべて動産である（86条2項）。土地に付着する物でも，仮植中の樹木等定著物でないものは動産とされる。立木も伐採されれば，動産となる。

　無記名債権は，動産とみなされる（86条3項）。無記名債権とは無記名公社債・商品券・乗車券・スポーツ入場券等のように，証券に債権者を表示せず，証券の正当な所持人が債権者とされるものである。無記名債権は，指名債権等と異なり，動産とされるから，その譲渡は，動産の譲渡方法（176条・178条）による。

　金銭も動産の一種であるが，古銭のようにその物に個性があって取引の対象となる場合を除いて，動産に適用される規定（178条・192条など）は適用されない。自動車・船舶・航空機等も動産であるが，ほとんどが登録されることから不動産に準じて取り扱われている（自動車抵当法，商法687条・848条，航空機抵当法）。

Step up

●土地の定著物とは何か　　土地の定著物とは，土地に継続的に付着し，付着したまま使用されることが取引上の性質をみられるものをいう。定著物はすべて不動産であるが，不動産としての取扱いには差異がある。①建物は，土地とは独立した不動産として取り扱われる。②石垣・溝渠・沓脱石なども土地の一部分とされ，土地の権利変動に随伴する。③樹木は，前二者の中間的なものととらえられ，土地の一部分として土地所有権に含まれる場合と，土地とは別個独立の不動産として取引の対象とされる場合がある。

No.19　土地の定著物とはなにか

●**水面下の土地所有権**　公有水面下の土地や河川の流水下の土地には，私的所有権は及ばないが，陸地と公有水面または流水との境界の決定については，問題がある。判例は，この境界につき，潮の干満の差がある場合は春分・秋分時の満潮時を基準としている（最判昭61・12・16民集40巻7号1236頁）。

Practice

下記の各問の正誤を答えなさい。

問1．一筆の土地の一部を時効によって取得することはできない。　（　　　）

問2．自然湧水には土地所有権は及ばない。　（　　　）

問3．自己所有の山林で金の鉱脈が見つかった。この鉱脈に対する採掘権は，土地所有権に含まれる。　（　　　）

問4．仮植中の立木は，定著物ではなく，動産とされる。　（　　　）

問5．立木の所有権だけを地盤から分離して譲渡することは可能であり，明認方法を施せば，この所有権を第三者に対しても主張することができる。
　　　　　　　　　　　　　　　　　　　　　　　　（　　　）

問6．新築中の家は，雨風をしのげる屋根と壁を備え，天井と床ができた時に登記可能な建造物となる。　（　　　）

問7．デパートの商品券やビール券などを無記名債権と呼び，民法はこれを動産とみなしている。　（　　　）

問8．樹木も伐採されてしまえば，動産となる。　（　　　）

Ⅳ 物

No. 20 主物と従物

〈**CASE**〉 Aは，Bから土地を賃借し，その賃借土地上に所有している建物に抵当権を設定した場合，この抵当権の効力は，当該建物の所有に必要な賃借権に及ぶであろうか。

1 従物とはなにか

建物と建具や畳，ボートとオール，カメラと三脚等のように，ある物が他の物の効用を助ける関係にある場合，これらの主物と従物の関係は，客観的・経済的観点において主従の結合関係が認められ，できるだけ法律上も同一運命に従わせることが望ましいとされる。

2 従物の要件

(1) 独立の物であること　主物の構成部分は，従物とはいえない。独立していて，取りはずしができる物でなければならない。
(2) 主物の常用に供せられること　客観的にみて，継続的に主物の効用を助けるものでなければならない。
(3) 主物に付属すると認められる場所的関係にあること
(4) 主物・従物ともに同一の所有者に属すること

以上の要件を満たすものであれば，動産・不動産を問わない。不動産と動産（建物と建具），動産と動産（ボートとオール）との関係だけでなく不動産と不動産の間にも主従の関係（農場と農具小屋の如し）が認められる。

この主物と従物の関係は，権利の間にも成立する。たとえば，元本債権の転付命令または譲渡の効力は，利息債権に及び（大判大10・11・15民録27輯1959頁），建物が譲渡されたり競落された時には，その建物のための借地権は買受人に移転する（最判昭47・3・9民集26巻2号213頁）。

3　従物は，主物の処分に従う

　民法87条2項は，従物は主物の処分に従うという。つまり売買契約等において売主が特段の意思表示をしないかぎり，従物は主物と運命を共にするということである。

　抵当権の効力も，原則として従物に及ぶものとされるが，抵当権設定後に新たに加えられた従物にも効力が及ぶか否かについては争いがある。判例は及ばないとするものもあるが，その態度は必ずしも明確ではない。学説は，抵当権の効力は常に従物に及ぶとしている。

　当事者が従物だけ分離して処分することは，当然可能である。

Step up

●**抵当権の効力と従物**　　民法370条は，抵当権の効力の及ぶ目的物の範囲について，抵当不動産のほかに，その不動産に付加して一体をなした物（付加物）にも及ぶとしている。この付加物に付合物（242条）だけでなく従物も含まれるかどうかが問題となる。抵当権設定時の従物については，民法87条2項を根拠にして，抵当権の効力が及ぶとするが，抵当権設定後の新たな従物にも抵当権の効力が及ぶか否かについては，前述のごとく判例は曖昧な結論である。

　抵当権の効力の及ぶ目的物の範囲に従たる権利も含まれるだろうか。〈CASE〉では借地上の建物に抵当権が設定され，この建物が競売された場合に，建物買受人は，土地に対する借地権を取得できるかどうかを問題にしている。判例は，抵当権の効力は借地権にも及ぶ（最判昭40・5・14民集19巻4号811頁）としている。

Practice

下記の各問の正誤を答えなさい。

問1．建物と家具は，主物と従物の関係にあるから，建物が売却されると家具も買主の所有となる。　　　　　　　　　　　　　　　　（　　　　）

問2．借地上の建物に抵当権が設定された場合，抵当権の効力は借地権にも及ぶ。
　　　　　　　　　　　　　　　　　　　　　　　　　（　　　　）

No. 21　果実とその取得について

<CASE>　Aは、アパートを所有し、毎月家賃を120万円取得していたが、11月20日にBに、このアパートを売渡した。11月分の家賃は、A・B間でどのように分割されるだろうか。また、Aがこのアパートを亡父から相続したものであったとした場合、後になってAが亡父の子でないことが判明すれば、Aが取得していた家賃は、不当利得として返還しなければならないだろうか。

1　元物（げんぶつ）と果実

　物から生ずる経済的な収益を果実といい、発生させた物を元物という。この果実には、天然果実と法定果実がある。天然果実は、物の用方に従って収得される産出物をいう（88条1項）。その物の経済的目的に従って収得されるものでなければならないから、盆栽から取れる実や乗馬専用の馬の子は果実とはいえない。また、果物・鶏卵・牛乳・羊毛などの有機的に産出されるもののほか、鉱山から取れる鉱石のように無機的に産出されるものも天然果実とされる。
　一方、法定果実は、物の使用の対価として受けるべき金銭やその他のものである（88条2項）。家賃や地代、リース料やレンタル料、利子等がその例である。

2　果実の帰属

　天然果実は、元物より分離する時にこの果実を収得する権利を持つ者に帰属する（89条1項）。通常は元物の所有者ということになる（206条）。この他、善意占有者（189条）・地上権者（265条）・留置権者（295条）・賃借権者（601条）等に帰属するが、不動産質権者（356条）も収得権を持つ。
　法定果実については、収取する権利の存続期間に従って、日割計算で分配される（89条2項）。<CASE>では、Aは自己所有のアパートを11月20日にBに売却しているから、AB間に特約がなければ、11月分の家賃はAが80万円、Bが

40万円を取得することになる。ただし，元物を譲渡する場合には，民法89条2項と異なる契約が結ばれることが多く，11月分の家賃を全額Aが取得してもよい。

未分離の天然果実は，元物の一部にすぎないが，取引上未分離のままで取引の客体とする必要があるときは，明認方法を施して独立の物として扱うことが可能である。判例は，温州蜜柑（大判大5・9・20民録22輯1440頁）等にこれを認めている。

Step up

●**民法上の果実の取扱い**　果実の帰属については，民法89条が一般原則を規定するのみで，具体的には，物権編と債権編の規定によって収取権者を決している。主なものを概観すると，まず善意占有者には，果実の収取権が認められ(189条)，不当利得にならないとされる。〈**CASE**〉において，Aは父Xとの間で親子関係が存在しないことが判明するまでは（この場合のAを表見相続人という）善意占有者であるから，有効に家賃を取得することができるのである。民法は，留置権者や不動産質権者に果実に対する収取権を認めているが，抵当権者には，この収取権を一定時期まで認めない(371条)。売買契約における果実の帰属については，引渡が済んでいない売買の目的物から生じた果実は，売主に帰属するとする (575条1項)。

Practice

下記の各問の正誤を答えなさい。

問1． 天然果実は，物の用方に従った産出物でなければならないから，役牛からとれる牛乳は，天然果実とはいえない。　　　　　　　　　　（　　　）

問2． 治療のために預った鶏が卵を生んだ場合，留置権者である獣医は，その卵を取得できる。　　　　　　　　　　　　　　　　　　　（　　　）

問3． 桑葉・稲立毛（いなだちげ）等の未分離の果実も明認方法を施せば，独立して取引の対象とすることができる。　　　　　　　　　　　　　　（　　　）

V 法律行為

No. 22　法律行為の意義と分類

> 〈CASE〉母は，いつも私に「隣人とは仲良くしなくてはいけません」とか，「隣人に会ったら必ず挨拶をしなさい」といいます。これは，社会規範の1つだと思いますが，何か強制力があるのでしょうか。

1　法律行為の意義

　人間の社会生活関係は，すべて法律によって規律されているわけではない。単に倫理・道徳・宗教などの規範によって規律されているものも少なくない。〈CASE〉において母がいっていることは，この倫理・道徳規範に入るもので，法の強制力に服するわけではない。

　人間の社会生活関係のうち，法律の規律を受けるものを法律関係という。この法律関係において，一定の生活関係が存在すると，法律的保証に裏付けされた一定の効果が発生する。この効果を法律効果といい，この法律効果を生ずる生活関係を法律要件という。

　法律行為とは，人が法律効果を発生させようとする行為であり，意思表示を要素として成立する。したがって，意思表示を必要としない先占(239条)・遺失物拾得・事務管理等の事実行為とは区別される。また，法律行為が表示された通りの法律効果が与えられるのに対して，表示された意思と異なった法律効果が与えられる余地のある準法律行為とも区別される。

2　法律行為の分類

(1)　意思表示の態様による分類（単独行為・契約・合同行為）

　(a)　単独行為　　1つの意思表示のみによって成立する法律行為である。解除(540条)のように相手方のあるものと，遺言(960条)や寄附行為(39条)のように相手方のない単独行為とがある。

　(b)　契約　　申込と承諾という2つの相対する意思表示の合致によって成立

する法律行為である。

　(c)　合同行為　　社団法人の設立行為のように，2個以上の多数による意思表示の合致によって成立するものをいう。契約が相対立する意思の合致であるのに対して，合同行為は，1つの目的に向かって意思が集約される点に特色がある。

(2)　**意思表示の形式による分類（要式行為・不要式行為）**

　契約に代表される法律行為は，基本的には要式を問わないが，一定の形式を備えること（書面の作成等）を必要とするものもある。前者を不要式行為，後者を要式行為という。要式行為には，定款や寄附行為の作成（37条・39条），婚姻（739条），遺言（967条）等がある。

(3)　**発生する効果の種類による分類（債権行為・物権行為・準物権行為）**

　(a)　債権行為　　債権的効果を発生させる法律行為をいい，贈与・売買等の契約がこれに含まれる。発生した債権が履行されることによって法律行為の目的が達成される。

　(b)　物権行為　　物権的効果を発生させる法律行為をいい，抵当権や地上権の設定契約がこれにあたる。売買契約において，所有権移転が目的とされる場合，債権行為と物権行為がどのような関係に立つかについてであるが（この場合，売買契約が債権行為で所有権移転行為が物権行為とされる），物権法では，通常，両者をとくに区別せずに，売買という債権行為があると，それに伴って所有権移転という物権行為もされたものとする（通説）。

　(c)　準物権行為　　債権譲渡・債務免除・無体財産権の譲渡などのように，物権以外の権利を直ちに発生させる法律行為をいい，履行という問題を残さないという点で物権行為と同じである。

(4)　**給付行為が原因と不可分であるかどうかによる分類（有因行為・無因行為）**

　法律行為の原因が無効ならば，法律行為の全体も無効となる場合の法律行為を有因行為といい，法律行為の原因が無効でも法律行為そのものは有効となる場合の法律行為を無因行為という。多くの契約（売買契約など）は有因行為であるが，手形行為（手形の発行・裏書交付等）は，無因行為の典型とされる。たとえば，債務の弁済のために手形を裏書交付した場合には，たとえ債務が存

V 法律行為

在しなくても,手形そのものは有効なものとされるのである。
　(5)　**財産の給付が対価を伴うかどうかによる分類(有償行為・無償行為)**
　(6)　**準法律行為**
　法律行為が当事者の意思表示どおりの法律効果を認められるのに対して,準法律行為は,当事者の意思表示どおりの法律効果が認められない。たとえば,弁済の催告は,弁済を求める内容であるが,催告によって弁済という効果は必ずしも得られない。催告の直接の効果は,時効の中断・履行遅滞・解除権の発生にとどまる。
　準法律行為には,①意思の通知(無能力者の相手方のする催告-19条,債務の履行を求める催告-153条・412条3項等,弁済受領の拒絶-493条・494条等)と②観念の通知(社員総会の通知-62条,代理権授与の通知-109条の一定の事実の通知)がある。

3　法律行為自由の原則

　私法上の法律関係は,各人の自由な意思にもとづいて行われるべきであり,この自由な意思を認め,それによって法律効果を与えようとする原則を「私的自治の原則」という。法律行為は,権利の発生,移転,消滅を生じる行為であって,法秩序が許容する範囲内において,各人の自由な意思にもとづいて,その法律行為の内容を定めることができる。これを法律行為自由の原則という。この原則は,前述した「私的自治の原則」の一内容ということができる。現代社会においては,法律行為の中で契約が最も重要な意味を持つことから,多くの場合契約自由の原則という。この契約自由の原則は,さらに契約締結の自由,契約の相手方選択の自由,契約内容決定の自由・契約方法の自由などが問題となる。
　契約自由の原則は,所有権絶対の原則とともに資本主義社会の発展に大きく寄与したが,一方において富の偏在をもたらし,経済的な不平等を作出した。そこで,経済的な弱者を救済する目的で契約自由の原則を修正するさまざまな特別法が立法化された。借地借家法や消費者保護を目的とするクーリング・オフ制度(訪問販売法6条など)がその例である。

Step up

●**事実的契約関係論**　法律行為とくに契約の成立は，当事者の意思の合致を必要とするが，事実的契約関係論では，当事者の意思の合致は存在せず，一定の事実関係が存在していれば，契約が成立しているのと同様の法律効果を生じるものとするのである。たとえば，ワンマンバスに誤って乗車したり，自動販売機にコインを投入した場合に，それがたとえ幼児や行為無能力者であっても無効や取消を主張できず，結局乗車賃等を支払わなければならない。

　電気・水道・ガス等の定型的供給契約においても，各人の自由な意思で契約内容を決定させることはできない。契約自由の原則の内容は縮小され，企業の示す画一的な契約内容を承認するか，しないかの選択をするだけである。このような契約を附合契約という。

Practice

下記の各問の正誤を答えなさい。
問１． 山林を伐採する行為は，事実行為であって法律行為ではない。（　　　　）
問２． 遺言は自由にすることができるが，形式が整っていなければならない。
（　　　　）
問３． 遺言は，相手方のある単独行為である。　　　　　（　　　　）
問４．「借金は返済すべし」という標語は，倫理規範であるとともに，実際借金をしている者にとっては，法律規範となって法の強制力に服することになる。
（　　　　）

No.23　公序良俗違反

〈CASE〉　AはBから200万円の借金をして，16歳の娘をBの店で芸娼妓として一定期間働かせ，その収入の半分を借金の返済にあてるという契約をしたが，娘は半年後店を逃げ出してしまった。Bは，Aに対して貸金の返還を請求できるか。

1　法律行為の内容

(1)　内容の実現可能性

法律行為は，可能な内容を目的としなければならない。事実上または法律上実現が不可能（不能）なことを内容とする法律行為は無効である。ここでいう不能とは，法律行為の成立時に既に実現不能の場合（原始的不能－売買契約締結前に，目的物の家屋が焼失していた場合）をいう。法律行為成立後の不能（後発的不能－売買契約成立後，引渡前に目的物の家屋が焼失した場合）は，無効とはならず，債務不履行（415条）や危険負担（534条以下）の問題として処理される。

(2)　内容の適法性

法律行為の有効要件として，内容の適法であることがあげられる。公の秩序に関する法規である強行法規に違反した法律行為は無効である。強行法規は，個人の自由意思で曲げることのできない規定だからである。

(3)　内容の社会的妥当性

法律行為の内容が社会的妥当性を備えていることを要する。民法90条は，「公ノ秩序又ハ善良ノ風俗ニ反スル事項ヲ目的トスル法律行為ハ無効トス」としている。「公ノ秩序」とは，国家社会の一般的秩序，「善良ノ風俗」とは，社会の一般的道徳・倫理観を意味するとされ，両者を合わせて「公序良俗」と呼んでいる。

2 公序良俗

公序良俗は，社会的妥当性を意味するものであるといっても，その概念は，きわめて抽象的であり，解釈に幅がある。このような法律規定を一般条項という。時代とともに変化する道徳・倫理規範に対応した民法90条の解釈も可能となる。次に，判例にあらわれた事例を分類し，類型化して説明する。

(1) 人倫に反するもの

離婚後，母と子が同居しないことを，父と子が約束することは無効とされた（大判明32・3・25民録5輯3巻37頁）。また，妻と離婚して結婚する，それまで扶養料を給付するという契約も無効である（大判大9・5・28民録26輯773頁）。これらは，いずれも親子・夫婦間の人情・道義に反するものだからである。しかし，将来離婚に至った場合には，一定の金員を与えるという約束（大判大6・9・6民録23輯1331頁）や妾と関係を絶つ際の手切金（大判昭3・4・20新聞4133号12頁）は，有効としている。

(2) 個人の自由を極度に制限するもの

芸娼妓契約が代表的なもので，前借金契約とも呼ばれている。判例は，〈CASE〉のような場合に，古くは芸娼妓（酌婦）として働く稼働契約は無効であるが，金銭消費貸借契約は有効とした（大判大10・9・29民録27輯1774頁）。しかし，最高裁はこれを改め〈CASE〉におけるBのAに対する給付は不法原因給付であるとして，Bの貸金返還請求を認めなかった（最判昭30・10・7民集9巻11号1616頁）。酌婦として働かせる契約は著しく個人の自由を制限するものとして，無効であり，稼働契約の無効は契約全体を無効とすると判断したのである。

(3) 営業の自由制限

他人の営業等，経済活動を過度に制限するものは，公序良俗に反し無効である。たとえば，会社と従業員との間で退職後同種の営業を禁止する契約がこれにあたる。判例は，習得した営業を従業員が何年間か営むことを禁止する契約は，地域や期間が限定されていて，それが合理的限度を超えていないものであれば，有効であるとした（大判昭7・10・29民集11巻1947頁）。

(4) 正義の観念に反するもの

刑法上の犯罪を誘発する法律行為は，公序良俗に反して無効である。対価を与えて殺人を依頼する契約は許されないが，対価を与えて犯罪を思いとどまら

せる契約も無効である（大判明45・3・14刑録18輯337頁）。

(5) **暴利行為**

他人の窮迫・無思慮などに乗じて不当に利益をあげる行為（これを暴利行為という）は，公序良俗違反とされる。暴利息と呼ばれる異常に高い利息の約定，違約の場合には，生命保険契約上の権利を移転する契約（大判昭9・5・1民集13巻875頁），債務額に比べて過大な財産を代物弁済とする契約などがこれにあたる。

暴利息については，利息制限法によって制限され，消費者保護がはかられている。また代物弁済の予約や譲渡担保については，債権額と担保目的物の価額に差がある場合には，清算を義務づけ（最判昭42・11・16民集21巻9号2430頁）ていたが，昭和53年の仮登記担保契約に関する法律の制定により，公序良俗違反の問題はなくなった。最近では，詐欺的商法によって，強引な取引を行うものが増加している（マルチ商法，原野商法など）。

(6) **著しく射倖的なもの**

賭博，富くじ等，一方の者の偶然の利益が他方の偶然の損失によってもたらされるものは，公序良俗に反して無効である。また，賭博で負けた金を払う目的でなされる消費貸借契約が公序良俗に反して無効となる場合がある（大判昭13・3・30民集17巻578頁）。

(7) **動機の不法**

賭博のための借金や賭博で負けた金の返済のために金銭の消費貸借契約を結ぶように，他人から金を借りる消費貸借契約そのものは有効であるが，その原因が不法な目的の達成にある場合（これを動機の不法と呼ぶ）に，この法律行為が無効となるかが問題となる。これについて学説は，この不法動機が，表示されていたり，相手方が知っていた場合，または普通の注意を払えば相手方が知ることができた場合には，法律行為は無効となるとする。前述のごとく，判例は，賭博による借金を支払うためであることを知りながら，金銭を貸した場合，この金銭消費貸借契約は無効となるとした（前掲大判昭13・3・30）。

Step up

●**不法原因給付と公序良俗**　民法708条は，「不法ノ原因ノ為メ給付ヲ為シ

タル者ハ其給付シタルモノノ返還ヲ請求スルコトヲ得ス但不法ノ原因カ受益者ニ付テノミ存シタルトキハ此限ニ在ラス」と規定している。すなわち，賭博に負けた者が任意にその賭金を支払ってしまえば，もはやその返還を請求できないということである。本来は，この賭金の支払は，法律上の原因を欠くことになって，不当利得が成立し (703条以下)，返還請求できるはずである。しかし，自ら反社会的・道徳的な行為をしておきながら，法の保護を求め，自己の損失を取り戻そうとすることは，許されないとしたのである。不法を犯した者が，後に不法を理由に利得の返還請求権を行使することを制限したイギリス法の「クリーン・ハンズの原則」と同一の考え方である。

ここでいう「不法の原因」とは何を意味するのであろうか。「不法」は，まさに公序良俗違反であるとする考え方と，強行法規違反をも含むとする考え方がある。広く統合的に判断すべきである。さらに，給付の目的が不法でなければならない。

しかし，不法の原因が給付を受けた受益者にのみ存するときは，給付者は，不当利得の返還を請求することができる (708条但書)。犯罪を思いとどまらせるための金銭の給付がこれにあたる。

Practice

次の各問の正誤を答えなさい。

問1. 法律行為は，実現不可能な内容を目的としてはならない。　（　　　）
問2. 将来離婚せざるをえなくなった場合には1,000万円支払うという契約は有効である。　（　　　）
問3. 対価を与えて殺人を思いとどまらせる契約は有効である。　（　　　）
問4. 100万円借りて，1年後に300万円返すというという契約は無効である。
　　　　　　　　　　　　　　　　　　　　　　　　　　（　　　）
問5. 賭博に負けて賭金を支払ってしまえば，その返還を請求することはできない。
　　　　　　　　　　　　　　　　　　　　　　　　　　（　　　）

No. 24　事実たる慣習

〈CASE〉　Aは都市の郊外に一戸建住宅を新築した。その際家庭用排水を隣家Bの排水溝を利用させてもらうことにしたが，その年の暮にBから排水溝利用につき，年間米20kg相当の給付がこの地区の慣習であるといわれた。Aはどうしたらよいか。

1　法律行為の解釈

法律行為の当事者が，どのような効果を求めていたかその内容を確定させなければならないが，現実には不明確な場合が多い。そこで法律行為の内容を確定する作業が必要となる。この作業を法律行為の解釈という。

2　解釈の基準

法律行為の内容を確定させるためには，当事者の言動や動作，行為時のさまざまな事情などから判断しなければならないが，これは，いわゆる事実問題である。民法は法律行為の解釈について一定の基準を定めている (91条・92条)。この解釈の基準が経験則，取引の通念等に反する場合は法律問題となり，訴訟手続上，上告理由となる (民事訴訟法312条)。法律行為の解釈は以下の基準によってなされるべきであるとされる。

(a)　当事者の目的　まずはじめに，当事者が何を意図してその法律行為をなしたかが問題となる。法律行為によって当事者が達成しようとした経済的または社会的目的を把握し，この目的に適合するように解釈することが，解釈の一番目の基準である。

(b)　慣習 (92条)　解釈基準の二番目が慣習である。法律行為は，慣習を前提に行われることが多く，内容が不明確な場合には，慣習によって法律行為を補充することになる。民法92条は，「……当事者カ之ニ依ル意思ヲ有セルモノト認ムヘキトキハ其慣習ニ従フ」と定めた。ここでは，慣習に従う意思の有無

が問題となる。民法91条との関係から，当事者が慣習に従わない意思を有すると認められないときは，その慣習に従うものと解すべきである。〈CASE〉における排水溝利用であるが，「年間米20kg相当の給付」が利用の対価として，その地区の慣習であり広く繰り返し行われているものであれば，Aは従わざるを得ないという結果になる。地方によって異なるが，これらの利用の対価として盆暮に清酒一升を地主に給付する等の慣行が見られる。米20kg相当の給付が公序良俗違反ともいえないし，信義則にも反しているとも思えない。

(c) 任意規定　民法は，意思表示の不明確な場合に備えて，紛争解決の基準とすべき規定をおいた。これを任意規定（民法91条は法令中の公の秩序に関せざる規定をいう）といい，公の秩序に関する規定である強行規定と区別される。民法では，物権法や家族法に強行規定が多く，契約に関する債権法に任意規定が多い。

(d) 信義則（条理）　民法1条2項は，権利の行使と義務の履行について，信義誠実の原則を定めたが，法律行為の解釈をめぐって，慣習や任意規定が明らかでないときには，その合理性の判断基準としての役割を当然に果たすことになる。この解釈基準は，法律行為の補充的解釈の最後の基準となる。

Step up

●**事実たる慣習**（92条）**と慣習法**（法例2条）　法例2条によれば，公序良俗に反しない慣習は，明文で慣習によると規定している場合のほかは，法令に規定のない事項についてのみ，「法律ト同一ノ効力ヲ有ス」るという。一方，民法92条は，慣習が任意規定に優先することを認めているので，両者の関係をどのように説明したらよいかが問題となる。

通説的見解によれば，法例2条の慣習は，人々の法的確信にまで達した慣習，すなわち，社会的に法として承認された慣習法を意味し，民法92条の慣習は，人々の法的確信にまでは達していないが，一定の地域で事実上行われている慣習であればよいとする。慣習の住み分け論ともいえるが，広く社会に承認されている慣習法が任意規定に優先しえない（法例2条）のに対して，その域に達していない事実たる慣習が任意規定に優先するというおかしな結果を導いてしまう。

V 法律行為

そこで最近の学説は，両者を区別せず，法例2条が一般原則を定め，民法92条は，法律行為についての特則であるとする。

●例文解釈　「賃料の支払いを一回でも怠るときは，賃貸人は催告を要せずに賃貸借を解除できる」という賃貸人に有利な特約が，あらかじめ印刷された書面を用いて行われる場合がある。このような特約条項を例文といい，当事者が本当にその例文に拘束される意思を有していたとは認められない場合に，その文言を無視する解釈を例文解釈という。

判例は，借地人にとっても，社会経済上も，きわめて不利な約款が，単に印刷された借地証書に存在する場合には，例文に過ぎないとして当事者を拘束できないとした。例文には，当事者がこれに拘束されるという意思を伴わない場合を理由としていたが，その後不当な約款は，当事者が一応承諾していた場合であってもこれを無視するとして民法1条2項の信義誠実の原則によってその効力が否定されるとする（学説）。

このような例文解釈に対して，法的安定性との調和を重視する立場から，例文解釈という名の下に文言を全く無視することには異論があり，当事者間の衡平をはかり，信義則を適用して法律行為の文言を修正する方が説得力に富むとしている。

●消費者契約法　現代の複雑な社会においては，個人消費者がよく内容を理解できない間に不利な契約を結んでしまっている場合が多い。たとえば「商品にたとえ欠陥があったとしても一切責任を負わない」とか，「事故が発生しても人身損害については一切責任を負わない」とする免責条項があることを知らずに契約を結ぶ場合がこれにあたる。

このような条項のことを約款といい，建築請負契約，保険契約，運送契約，銀行取引，消費者金融取引などに多くみられる。約款は，契約を定型化し，いちいち細部まで検討する手間を省くことには貢献しているが，専門的知識と豊富な経験を有する事業者に有利な契約条件が定められている場合が多い。このような約款による取引の相手方となる個人消費者は，不測の損害を受けてしまう場合が多いことから，2000年5月に消費者契約法が制定され，消費者に対する不当な約款条項を規制している。たとえば消費者契約法8条は，事業者の損害賠償の責任を免除する条項を無効としている。製造物責任法や訪問販売法な

どとともに消費者保護のための立法として注目されている。

Practice

次の各問の正誤を答えなさい。

問1．事実たる慣習は，法律行為の解釈の基準となる。　　　（　　　）
問2．「家主から請求があったときは，直ちに家屋を明渡す」という家主に有利な約款が単に印刷された証書に存在する場合には，借主はこれに拘束されない。
　　　　　　　　　　　　　　　　　　　　　　　　　　　　（　　　）
問3．法例2条の慣習と民法92条の慣習が衝突した場合は，法例2条の慣習が優先する。　　　　　　　　　　　　　　　　　　　　　　　　（　　　）
問4．譲渡担保の設定契約は，物権法定主義に反するから無効である。
　　　　　　　　　　　　　　　　　　　　　　　　　　　　（　　　）
問5．利息の天引きは無効である。　　　　　　　　　　　（　　　）
問6．すべての脱法行為が無効となるわけではない。　　　（　　　）
問7．強行規定に反する法律行為は無効である。　　　　　（　　　）

V 法律行為

No.25　脱法行為（任意規定，強行規定，取締規定）

〈CASE〉　AはBから無担保で50万円の融資を1年間受ける約束をした。金員の引渡の際，Bはあらかじめ利息の18％を天引するといってAに41万円を手渡した。Aは1年後Bにいくら返済しなければならないか。

1　強行規定と任意規定

　法律行為の解釈の基準となる任意規定（任意法規ともいう）は，法律行為の内容に欠けている点がある場合に，これを補充する目的をもつものである。また，法律行為の要素である意思表示の不明瞭な場合に，これを一定の意味に解釈するものである。任意規定が私法的自治の補完を目的としているのに対して，強行規定（強行法規）は，私法的自治の限界を示し，個人の自由な経済活動を制限する役割を持っている。経済的強者は，任意規定とは異なった（むしろ排斥さえする）約款を経済的弱者に強い，経済的弱者は，これに従わざるをえない状況に陥ってしまう。これを回避するために，任意規定を一部強行規定化し，当事者の意思を排斥して契約内容の合理性を保障しようというのである。

　強行規定に反する法律行為は無効である。強行規定は，公の秩序に関する規定であって個人の自由意思によって曲げられないものであるから，法律行為の内容がこれに違反している場合は，その法律行為は無効である。

2　脱法行為

　*No.24*でも指摘したが，強行規定には，民法では，物権法の多くの規定，親族・相続法上の規定，また特別法では借地借家法，利息制限法等がある。強行規定を回避する手段を構じてこれを免れる行為を脱法行為と呼ぶが，これも許されない行為として無効となる。〈CASE〉における利息の天引も結果において利息制限法1条の利息を越えることになる。利息制限法に従えば，50万円を1年借りると1年後の返済額は59万円となる（利率年18％）。利息の天引が

あって金員の引渡が41万円で、1年後に50万円返済するという本問〈CASE〉の場合には、元本はあくまでも41万円でこれに年18％の利息を加えた額483,800円を返済すればよいことになる（利息制限法2条）。50万円返済する場合と比較して16,200円安くて済むわけである。この16,200円が超過利息として無効となる。

しかし、すべての脱法行為が無効となるわけではない。脱法行為のように見えるものであっても、それが社会の新しい経済活動にとって重要な位置を占めるようなものであった場合には、脱法行為とはいえないのである。

たとえば、動産の譲渡担保が好例である。動産を担保にして金融を得る手段としては、動産質があるが、これは要物契約であるため、担保権設定後は使用することができなくなってしまう。そこで、抵当権と同様に目的物の使用を担保権設定者に与えるという制度が考案された。これが譲渡担保である。

そもそも物権法は、民法175条において、新たな物権の創設を認めていないし、345条は、質物を設定者が相変わらず占有することを禁じ、さらに349条は、流質契約を禁止している。譲渡担保の設定契約は、この規定にいずれも違反しているから脱法行為となり、無効となってしまう。そこで解釈論として、345条と349条は質権設定についてだけ適用される強行規定とし、その他の担保手段には不適用としている。取引社会の合理的な需要に応えるために、強行規定を弾力的に解決したわけである。

Step up

●**取締規定と強行規定**　　取締規定（取締法規）とは、一定の行為を禁止し、または制限することを目的とする規定をいう。この規定に違反した場合、処罰されるが、違反行為全てが無効になるかが問題となる。私法上の効果をも否定してしまう場合とそうでない場合がある。

たとえば、鉱業法の鉱業権者でなければ鉱物の採掘事業を営むことができないのに、鉱業権の貸借による斤先（きんさき）掘契約をした場合には、法の禁止の趣旨が強度でしかも資格要件が重大な意味を持つから、私法上の効果も否定されることになる。したがって、斤先掘契約の当事者が採掘した石炭の第三者への売却も無効となる。このように私法上の効力にも影響を及ぼす取締規定をとくに「効力規定」と呼んでいる。

Ⅵ　意思表示

No. 26 意思表示の意義

〈CASE〉 通信販売で家具を購入するため、カタログに付属していた申込み葉書に記入し、テーブルに置いたまま外出したところ、母親が気を利かせて投函した。購入の意思表示は効力を生じるか。

1 意思表示と法律行為の関係

19世紀のドイツ民法学の成果のひとつであるパンデクテンシステムを踏襲するわが国の現行民法においては、原則として、個人の意思にもとづいて私権の変動（権利・義務の発生・変更・消滅。「法律効果」と呼ばれる）がなされるという建前がとられている。意思表示とは、そうした一定の法律効果の実現を意欲して、内心で決定された私的な意思を外部に表明する行為である。もっとも、意思表示がなされれば、当該意思表示どおりの効果が常に生じるわけではない。そのためには、多くの場合、相手方の承諾、物の引渡、方式の具備といった要素が必要になる。

私権の変動を生ぜしめる原因を「法律要件」（図1）と呼び、私的自治実現の手段としては、①一方当事者の申込という意思表示と、これに対向する他方当

図1

法律要件	法律行為	契約
		単独行為
		合同行為
	準法律行為	意思の通知
		観念の通知
		事務管理　など
	不法行為 不当利得	
		その他

図2
意思表示の「方向」と数

| 契　約 | 単独行為
（たとえば解除・遺言） | 合同行為
（団体設立など） |

→
←　　　　　→　　　　　→
　　　　　　　　　　　　　⋮
　　　　　　　　　　　　　→
　　　　　　　　　　　　　→

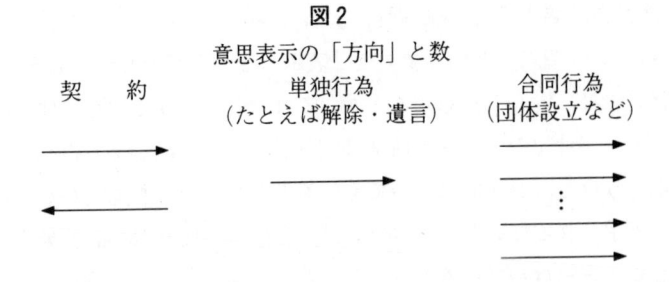

事者の意思表示である承諾によって成立する契約，②遺言のように1人の意思表示で成立する単独行為，③会社の設立のように，複数の当事者の団体設立という同一方向の意思表示の集まりである合同行為がある（図2）。これらを抽象化し，統合した上位概念が法律行為である。すなわち，意思表示は，法律行為（法律要件）の要素であり，これを「法律事実」と呼ぶ。

　こうした意思表示と法律行為という概念は，パンデクテンジステムに独特のものである。「意思表示」と「法律行為」は，いずれも法律学特有の専門用語として用いられ，極めて抽象度が高く，われわれが日常使用している「いし」，「こうい」といった言葉に比べると限定的で，かつ技術的な意味をもつ。

　意思表示という概念と区別して，契約・単独行為・合同行為という概念を設けること，さらに，それらを抽象化して法律行為という整理概念を形成することに意義があるか否かについては議論があるが，通説は，意思表示と法律行為は異なる側面を問題にしていると考えるべきであるとする。

　すなわち，意思表示は，法律行為の要素とされることで，自由意思が法律行為の拘束力の根拠であることを説明しようとし，法律行為の拘束力を正当化する要件となる。これに対して，法律行為は，たとえば，どのような内容の契約が成立したのか，それは許される内容か，などといった，その内容的な側面を問題にするものであり，法律効果を発生させる要件である。

　このことを反映して，日本民法においては，意思表示に関するものとして，民法93条（心裡留保）・94条（虚偽表示）・95条（錯誤）・96条（詐欺・強迫）が規定され，これと区別して，法律行為に関するものとして，90条（公序良俗）・91条（強行規定）・92条（事実たる慣習）が規定されている。

2 意思が表示される心理的過程

意思表示は,「意思」という要素と「表示」という要素とから成る。一般に,表示の背後には,内心の意思があるが,これは表明されて初めて他者の知るところとなる。19世紀のドイツ民法学は,意思が表示されるまでの心理的プロセスを詳細に分析し,わが国においても,通常これに則した説明がなされている。

意思が表示されるにいたるプロセスは,動機の形成→内心的効果意思の形成→表示意思→表示行為であるとされる。たとえば,友人宅を訪ねるのにリンゴをお土産にもって行こうという心理が動機であり,果物店でリンゴを10個買おうという心理が内心的効果意思である。果物店でリンゴを10個買うと言おうとする心理が表示意思であり,「リンゴを10個下さい」という店員への表明が表示行為である(図3)。したがって,外面に現われるのは表示行為のみである。表示行為は,言葉や文字,文章によるものに限られず,身振り手振り(たとえば,競市(せりいち)での合図),沈黙,不作為などもこれに含まれるとされる。

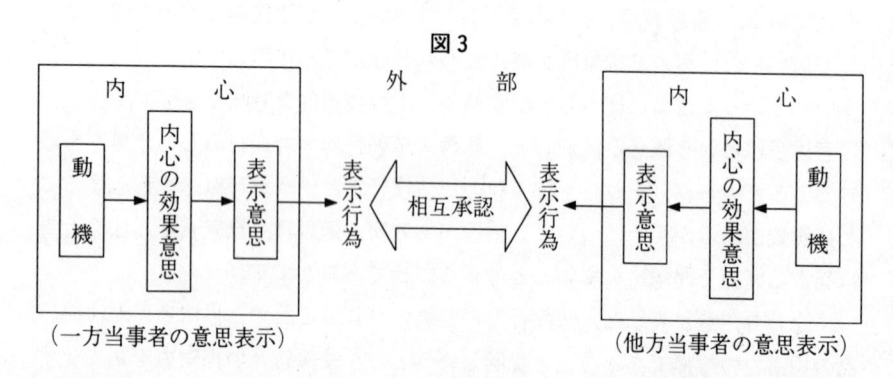

図3

（一方当事者の意思表示）　　　　　　　　　　　（他方当事者の意思表示）

内心　動機 → 内心の効果意思 → 表示意思 → 表示行為 ⇔ 相互承認 ⇔ 表示行為 ← 表示意思 ← 内心の効果意思 ← 動機　内心

外部

意思表示が,一定の法律効果の実現を意欲して,内心で決定された私的な意思を外部に表明する行為であることに鑑みれば,内心的効果意思が,このプロセスにおいて中心的な位置付けをされることになろう。しかしながら,意思表示は,他者とのコミュニケーションのための技術でもある。それゆえ,言葉の厳密な意味での内心の意思ではなく,表示行為から理解される,いわゆる「表示上の効果意思」を対象にして,意思表示の効力が問題にされるべきである。

3 意思表示の解釈と意思主義・表示主義

表示の意味について，当事者間に齟齬が存在しない場合には，一致の現実性ゆえに，その一致した内容が意思表示の意味として承認されるが，当事者間の意思表示理解に結果的に齟齬が生じた場合には，その意味の確定のために意思表示の客観的な解釈という作業が必要になる。この際に，解釈の対象をいかに考えるべきか，解釈の基準をいかに考えるべきかが問題になる。この問題をめぐって「意思主義」と「表示主義」の対立がある。

　解釈の対象をいかに考えるべきかについて，意思主義的見地は，これを表意者の内心に求め，表示主義的見地は，意思主義における心理主義・取引の安全の無視などを理由に，これを表示に求める。

　既述のごとく，意思表示は，他者とのコミュニケーションのための伝達技術である。ただし，表意者の内面的要素と分離された表示は無意味である。つまり，法的世界における意思と表示とを分離し，表意者の意欲と，それを相手方に伝達するための表示とを，おのおの独立したモーメントとして把握することが，そもそも不合理なのである。

　したがって，かかる二元的把握を排し，法における意思の本質的態様を，意思の実現形態（Dasein）としての表示（これが，学説上「表示上の効果意思」と呼ばれるものであろう）に求め，これを意思表示解釈の対象と考えるべきであろう。

　解釈の基準をいかに考えるべきかについても，同様の対立がある。しかし，ここでも，表意者の内心を解釈の基準にしようとする意思主義的見地も，意思と乖離した表示の客観的意味を解釈の基準にしようとする表示主義的見地も，上記の理由によって不合理であろう。問題は，表意者および受意者の意思と解釈の対象たる表示との関係にある。すなわち，両者間に共通の意味基盤において，表示がどのように解されるべきかにである。

　したがって，意思表示解釈の基準は，表意者と受意者の主観の共通性に求めることができるといえよう。

4　意思表示の効力の否定

　解釈の結果，確定された意思表示の内容が，次の2つの事情によって，表意者の真意と著しく異なるときには，その効力は否定されうる。

VI 意思表示

1つは、表意者の側の思い違いや虚言などによって、表示行為に対応する内心的効果意思が欠けている場合であり、「意思の欠缺」とよばれる。民法は、心裡留保 (93条)、虚偽表示 (94条)、錯誤 (95条) を「意思の欠缺」とし、相手方が悪意あるいは有過失の際には意思表示を無効とする (虚偽表示は、当事者間では常に無効)。

もう1つは、他者の影響によって、内心的効果意思の形成過程における表意者の主体的自由が制限を受けた場合であり、「瑕疵ある意思表示」と呼ばれる。民法は、詐欺・強迫によってなされた「瑕疵ある意思表示」を取り消すことができるとする (96条) (図4-1および4-2)。

図4-1 (相手方が悪意か有過失の場合)

意思の欠缺	心裡留保 (93条)	無効
	虚偽表示 (94条)	
	錯誤 (95条)	
瑕疵ある意思表示	詐欺 (96条)	取消可
	強迫 (96条)	

図4-2 (相手方が善意・無過失の場合)

意思の欠缺	心裡留保	有効
	錯誤	
瑕疵ある意思表示	詐欺	取消可 (ただし、第三者の詐欺については有効)
	強迫	取消可

Step up

●**意思表示の心理学的分析枠組の意義**　〈CASE〉は、表示意思を欠いているが、表示行為と効果意思が対応している事例である。「意思の欠缺」にも「瑕疵ある意思表示」にも当たらず、表意者の利害、受意者の表示行為への信頼に鑑みて、当該意思表示の効力を認めることには問題はない。この事例から判明

のように，少なくとも，表示意思は意思表示が成立するための要件ではない。

既述のごとく，通説は，意思が表示されるプロセスを「動機の形成→内心的効果意思の形成→表示意思→表示行為」と説明するが，法律学上，表示意思という概念の析出，ひいては，意思が表示されるプロセスの心理学的分析がどのような意義を有するかについて再考の余地があろう。

Practice

下記の各問の正誤を答えなさい。

問1．自動販売機を設置するのは申込の意思表示である。　　（　　）
問2．アルバイト募集の広告は申込の意思表示である。　　　（　　）
問3．申込に対して沈黙していることは承諾の意思表示となる。（　　）
問4．内心の意思を欠いている意思表示は無効である。　　　（　　）
問5．口頭でなされた意思表示は無効である。　　　　　　　（　　）

No.27 心裡留保

〈CASE〉 友人に，冗談で，所有している自動車を譲り渡すと話した。この意思表示は有効か。

1 心裡留保の意義
(1) 民法93条本文
　意思表示の表意者自身が，自らの表示行為に対応する真意のないことを知りつつ行う意思表示を心裡留保という。意思主義的見地に立てば，表意者は表示に対応する内心の意思を有していないことになり，当該意思表示は無効ということになろう。

　しかし，表意者に本気で申込をするつもりがなかったとしても，表示行為から合理的に「表示上の効果意思」が推断され，受意者がこれを信頼したことが合理性を有する場合，受意者がこれを承諾すれば，少なくとも外見的には当該契約には何ら不備はない。

　こうした状況の下で，コミュニケーションの手段としての意思表示の本質に鑑みつつ，表意者と受意者の関係を考慮すれば，虚偽の表示を行った表意者よりも，受意者の側が法的に保護されてしかるべきである。

　民法93条本文が，心裡留保による意思表示を原則的に有効であるとするのは，こうした理由によるものである。

(2) 民法93条但書
　表意者自身が，自らの表示行為に対応する真意のないことを知りつつ意思表示をし，四囲の状況から，受意者もこのことを知っていた場合にも，意思表示の効力は生じるのであろうか。

　内心の意思と表示の合致は本来的な関係である。それゆえ，意思を欠いた表示は無力である。この原理が心裡留保の場合には一般に支持されず，表意者が無効を主張しえないのは，一般に表示は信頼しうるものであるという前提にお

いて法秩序が成り立っているからに外ならない。信頼しうる表示とは，表意者と受意者との共通の意味基盤の上に投影された表示のことである。つまり，心裡留保において，一般に表意者が保護されえない（無効を主張しえない）のは，通常は受意者の側に，表示が意思を欠いたものであることについての認識が欠けている蓋然性が高く，また，そうした受意者の側の理解が合理的であるからである。上記のごとく，民法93条本文が原則的に表意者を保護しないのは，そうした合理性が法によって支持された結果である。

これに対して，受意者の側も，表示が意思を欠いたものであることを認識している場合，あるいは，認識すべき場合には，かかる認識が双方に共通の信頼すべき「意思表示理解」となる（たとえば，受意者も表意者の冗談を冗談として受け入れている場合）。したがって，受意者を保護する必要はなく，意思を欠いた表示は無力であるという原理が適用されることになる。

民法93条但書が，「相手方カ表意者ノ真意ヲ知リ又ハ之ヲ知ルコトヲ得ヘカリシトキハ其意思表示ハ無効トス」と規定する所以である。

2 心裡留保をめぐる紛争

心裡留保をめぐって生じる紛争は，表意者が自身の意思表示の無効を主張し，受意者がその有効を主張するものである（受意者の側からの無効主張は紛争にはなるまい）。上記のように，民法93条は，心裡留保による意思表示を原則的に有効とする。したがって，当該意思表示の無効を主張する表意者側が「相手方カ表意者ノ真意ヲ知」っていること（受意者の悪意），「又ハ之ヲ知ルコトヲ得ヘカリシ」こと（受意者の過失）という但書の要件を証明しなければならない（自己に有利な法的効果を実現しようとする者は，その要件事実を証明しなければならず，当該意思表示を無効にすることは表意者側に有利であるから）。

なお，相手方からの善意の転得者のような「善意の第三者」に対しては，心裡留保による意思表示の無効は主張できないと解される（*No. 28* の **3** を参照されたい）。

また，単独行為については，93条但書の適用の余地はないゆえ，心裡留保による意思表示は常に有効であると解される。

3 身分行為における心裡留保

　婚姻・養子縁組などのような身分の取得・変動を生ずる法律行為を身分行為という。身分行為の法律効果は，その性質上当事者の真意にもとづいて決定されるべきである。したがって，民法総則における一般の法律行為についての規定を身分行為に適用することは妥当ではない。

　判例および学説は，解釈上，93条の適用を身分行為について排除する。

　身分行為に瑕疵があった場合には，親族法の規定(742条以下)によって解決がはかられることになる。

4 民法93条の類推適用

　本人と一定の関係にある他人が，本人のために意思表示をし，その効果を本人に帰属させることを可能にした法制度が代理である(詳しくは，Ⅶ代理を参照)。

　代理人が，本人のためではなく，自分自身の利益のために代理権を行使した場合(たとえば，遊ぶ金欲しさに，本人の代理人として相手方から借金をしたような場合)，判例(最判昭42・4・20民集21巻3号697頁)は，民法93条但書を類推適用して，相手方がそれを知っていたとき，あるいは知るべきであったとき，本人が無効を主張することを認めている(図1)。

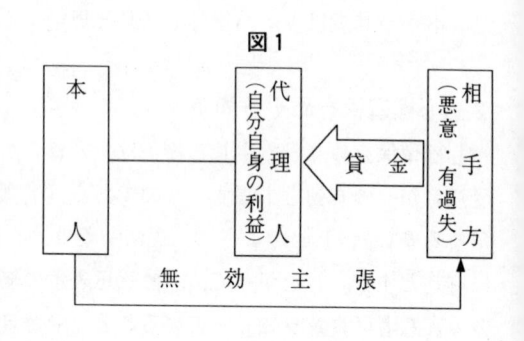

図1
本人 — 代理人(自分自身の利益) ← 貸金 — 相手方(悪意・有過失)
無効主張

5 心裡留保と自然債務

　意思表示が全くの冗談や嘘ではないものの，表意者の効果意思の存否が判断しにくいケースについて，かつて大審院は，民法93条但書とは異なる法論理をもって対処した。これが有名な「カフェー丸玉事件」(大判昭10・4・25新聞3835号5頁)である。当判決は，心裡留保との関連はもとより，意思表示本質論との関連においても法律学上一定の意味を有している。

　事案は次のようなものである。

カフェーの女給（現代におきかえれば，バーかキャバレーのホステスというところであろうか）Ｙの馴染みの客であるＸは，Ｙの歓心を買うために，将来独立して生活するための資金として400円（当時の貨幣価値からすれば大金である）を与える旨の約束をし，この際，ＹはＸの約束を書面にして保存していた。後日ＸはＹからその履行を請求された。第一審，第二審はＹの請求を認めたが，大審院は，約束者が進んで履行すれば有効な債務の履行となるものの，相手方が履行を強要することができない「特殊の債務関係」が存在し，Ｙの歓心を買うために，一時の興に乗じてなされた本件のような約束は，そのようなものであるとして原審を破棄した。

学説は，こうした「特殊の債務」を，ローマ法の概念にもとづいて，自然債務と呼ぶ。

確かに，意思表示理論に鑑みて，確固とした効果意思を欠いているこうした約束に，法秩序が完全な契約的拘束力を与えないことには一定の合理性がある。

しかしながら，一方，当該事例を心裡留保として構成し，Ｘ－Ｙ間の贈与契約を原則的に有効であると解し，ＹがＸの真意を知っていること（Ｙの悪意），または，これを知ることを得べかりしこと（Ｙの過失）をＸが証明しえた場合には，当該意思表示を無効にすることができると解することも可能であると考えられる。

このように，真意を欠く意思表示，表意者の効果意思の存否が判断しにくい意思表示の効力の問題は，契約の拘束力の本質，その限界，相手方との関係をいかに法的評価の中に組み入れるべきか，など法律学上の重要かつ難解な課題である（*No.26* 参照）。

自然債務という構成がわが国民法上の明確な根拠を持たず，その判断基準があいまいであることから，相手方の知・不知，過失の有無などを明文化された準拠枠組みとして問題解決をすることができる心裡留保としての構成が優れていると考えられる。

6　心裡留保における表示（書面の有無）と契約の拘束力

上記カフェー丸玉事件において，Ｙは贈与の「合意」を書面にしていたのであるが，書面化された「合意」と口約束とでは，その効力に何らかの差が生じ

るのであろうか。民法550条は「書面ニ依ラサル贈与ハ各当事者之ヲ取消スコトヲ得……」と規定する。すなわち，文書をもって合意された贈与は撤回することができないことになる。これは軽率な意思でする贈与を防ぐためのものであると解されている。当条文に照らしてみると，Yの主張を認めない大審院判決は不当なもののようにみえる。しかしながら，契約の拘束力の根拠は，あくまで約束者の自由意思であり，書面は徴表にすぎない。このことは贈与契約についても同じである。したがって，締結時の意思の欠缺が明白である場合（相手方が，表意者の意思の欠缺を知っていたか知るべきであった場合）には，書面の有無とは無関係に，当該贈与契約が無効とされるのは正当である。

なお，同様の法論理によれば，93条本文が表示主義的見地に立つものであると解するのも不当である。心裡留保が原則的に有効であるとされるのは，「虚言＝表示」が契約の拘束力の根拠であるからではなく，「効果意思ありと相手方が誤認するリスクを引き受けるという表意者の意思」→「相手方の合理的な信頼を惹起せしめたという表意者の主体的責任」が契約の拘束力の根拠であり，93条本文の根拠であると解されるべきであろう。

Step up

●**真意を欠く意思表示の有効性**　〈CASE〉は，真意を欠いた意思表示の事例であり，心理学的意思表示理論に形式的に従えば無効となる。しかし，意思表示は他者とのコミュニケーションのための法制度でもあり，表意者の意思とともに，表示行為に対する受意者の信頼が考慮さるべきである。したがって，友人が冗談を冗談と認識していた場合，あるいは過失によってそれを認識しえなかった場合に限って，当該意思表示は無効となる。このことは，無効を主張する表意者が証明しなければならない。

Practice

下記の各問の正誤を答えなさい。
問1．冗談で行った意思表示は原則的に無効となる。　　　（　　　）
問2．意思表示が嘘であることを受意者が本当は知っていた場合でも，表意者はこれに拘束されることがある。　　　（　　　）

問3. 受意者の歓心を買う目的で行った意思表示は有効である。　（　　　）
問4. 意思表示の相手方からの善意・無過失の転得者に対しては，表意者は心裡留保による意思表示の無効は主張できない。　（　　　）
問5. 心裡留保による無効の主張は，意思表示の相手方からすることはできない。
　　　　　　　　　　　　　　　　　　　　　　　　　　　　（　　　）

No.28　虚偽表示

〈CASE〉　1.　BがAから譲り受けた土地の上に建っているB所有の家屋をCが賃借した。ところが、A-B間の土地譲渡は仮装されたものであった。この際、Cは、民法94条2項が規定する「第三者」にあたるか。
　2.　A-B間で仮装された売買によってBに譲渡されたノート型パソコンをCが購入した。この際、Cは民法94条2項によって保護されるべきか。

1　虚偽表示の意義

(1)　民法94条1項

　虚偽表示とは、相手方と通じて行われた真意でない意思表示のことである。したがって、通謀する相手方のある法律行為（契約および単独行為）については成立するが、一般に相手方のない単独行為については成立しないと解されている。

　虚偽表示による無効が問題となるのは、たとえば、Aが、債権者の差押えから免れるために、Bと共謀して、自身の土地をBに売却したように装ってBに登記を移した場合である（登記とは、たとえば、不動産の所有権変動を第三者に公示するために、登記簿という公文書に記載することである）。両者の意思表示はともに真意ではないから、民法94条1項によって、こうした仮装の売買は無効である。したがって、債権者はA-B間の売買の無効を主張して登記をAに戻させ、Aの土地を差し押えることができる。

　しかしながら、Bの登記名義を信頼したCが、Bから当該土地を購入し、登記を移した後、Aが虚偽表示によるA-B間の売買の無効を主張して、Cから土地を取り戻すことは許容されるのであろうか（図1）。

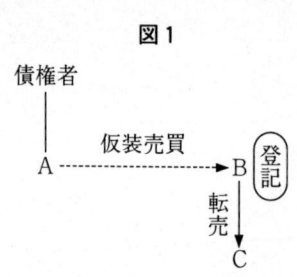

図1

(2) **民法94条2項**

民法94条2項は，A－B間の売買の無効は善意の第三者には対抗できないと規定する。そこで問題となるのは，「善意」および「第三者」の意味である。

(a) **「善意」の意味**　法律学上，善意であるとは，ある事情を「知らない」ということであり（反対に，悪意であるとは，当該売買が虚偽表示によるものであることを「知っている」ということである），われわれが日常よく使うような道徳的な意味での善・悪を指示するわけではない。判例・通説は，94条2項における「善意」についてもこのように解している（大判昭12・8・10新聞4185号36頁）。また，「善意」の証明責任は第三者にあるとされる（最判昭41・12・22民集20巻10号2168頁）。

学説のなかには，94条2項の本質を，権利外観法理・表見法理であると解し（後述2参照），第三者の保護される根拠は，虚偽表示の存在を知らなかったことにあるというより，権利の外観への信頼にあり，その信頼の法的な保護の合理性が問われるべきであるとするものもある。こうした見地に立てば，虚偽表示を信頼したとしても，それが第三者の過失＝不注意によるものであった場合には，保護の必要はないことになる。すなわち，民法94条2項の保護の対象になる第三者は，善意かつ無過失でなければならないことになる。上記の事例において，Cは善意・無過失であれば保護されうるが，登記が依然A名義であったにもかかわらず，登記の名義を確認せずに，AからBに不動産を売却されたという虚偽表示を信じて，Bから当該不動産を購入したというような場合には，保護に値しないことになろう。

このほか，悪意に匹敵する程度の重過失があった場合には，94条2項による保護の必要はないとの説もある。

なお，善意が要求されるのは，第三者が利害関係を有するに至った時期であると一般に解されている（最判昭55・9・11民集34巻5号683頁）。

(b) **「第三者」の意味**　第三者とは虚偽表示の当事者および一般承継人（当事者の相続人）ではなくて，意思表示（虚偽表示）の目的について利害関係をもつに至った者である（大判昭20・11・26民集24巻120頁）。たとえば，AからBへ不動産の仮装売買がなされ，その虚偽表示を信頼してBから当該不動産を購入した者，また，当該不動産上に抵当権を設定した者がこれにあたる。

なお、判例によれば、Bの債権者のうち、仮装譲受の目的物に対して差押えをした者や、Bが破産した場合の破産管財人は第三者にあたる。

(3) 身分行為の虚偽表示

身分行為の法律効果は、その性質上当事者の真意にもとづいて決定されるべきである。したがって、民法総則における一般の法律行為についての規定を身分行為に適用することは妥当ではない。

判例および学説は、解釈上、民法94条2項の適用を身分行為について排除する。

2 民法94条2項と表見法理・権利外観法理

(1) 民法94条2項の本来的意義

民法94条2項が、善意の第三者に保護を与える根拠は、「真実に反する外観が存在する場合に、それを作り出した者に責に帰すべき事由があるときには、その外観を信頼した者に対する関係では、信頼した者を保護するために外観を基準にして解決すべし」というヨリ一般的な法原理（表見法理・権利外観法理）に求められる。ドイツ法上のRechtsscheinの法理、英米法におけるestoppelの法理などは同様の機能を有するものであろう。また、虚偽表示の規定の外に、日本民法93条・96条3項・109条・110条・112条の規定も表見法理・権利外観法理から導出されたものであると考えられる。

しかし、日本民法は、表見法理・権利外観法理そのものは明文をもって定めていない。したがって、同法理を明文化したものとして代表的な規定である94条2項が、適用すべき条文を欠く類似の事案において類推適用されることになる。

(2) 民法94条2項の類推適用

わが国においては、登記に公信力がないために、それを信頼して不動産を購入しても、その登記が真の権利者の名義ではなかった場合には、買主は権利を取得することができない。そこで、判例は、94条2項の類推適用によって取引の安全を図っている。

たとえば、何らかの理由で、真の権利者でない者に不動産の登記名義があり、真の権利者がそれを自分の名義に戻すことを怠っていたようなときには、民法

94条2項が類推適用され，登記を信頼した第三者が保護されることになる（最判昭45・9・22民集24巻10号1424頁）。また，不動産の取引が詐欺や強迫によって行われ，登記が移転された後，当該意思表示は取り消されたものの，登記を戻すことを怠っていたというときにも，それを信頼して不動産を購入した第三者を，94条2項の類推適用によって保護しようとする学説もある。

民法94条2項は，既述のように，主として，不動産登記を信頼した第三者の保護に際して類推適用され，動産の取引においては，善意取得制度＝即時取得制度(民192条)があるため実際的な意義をもたない。債権の取引に際しては，債権証書に対する信頼の保護の合理性や，そもそも債権取引の安全をどの程度保護すべきかといった問題について議論がある。現代社会における債権の機能実態に鑑みれば，表見法理・権利外観法理は，債権取引についても適用を模索さるべきであると考える。

3　直接の第三者からの転得者

AからBに不動産を売却されたという虚偽表示（B名義の登記）を信じて，Bから当該不動産を購入し，登記を移転したCから，さらに，その不動産を購入したDは，94条2項によって保護されるべきであろうか。C，Dともに善意・無過失である場合には，同条の趣旨に照らして，Dが保護されることに疑義はない（図2）。問題は，Cが悪意または有過失であり，Dは善意・無過失である場合，あるいは，Cは善意・無過失であったが，Dが悪意または有過失であった場合の法的処理のあり方である。

(1)　Cが悪意または有過失であり，Dは善意・無過失である場合

表見法理・権利外観法理としての94条2項の機能に鑑みれば，Cが悪意（あるいは有過失）で保護されないにもかかわらず，真の権利者であるAが登記の名義を自身に戻すことを怠っているうちに，

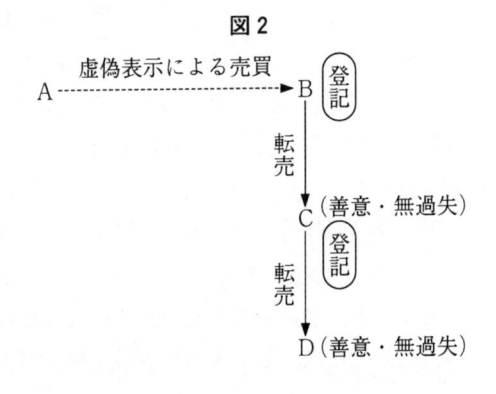

図2

```
        虚偽表示による売買
  A - - - - - - - - - - - - - - → B  (登記)
                                   │
                                   │転
                                   │売
                                   ↓
                                   C （善意・無過失）
                                   (登記)
                                   │
                                   │転
                                   │売
                                   ↓
                                   D （善意・無過失）
```

Cの登記を信頼してDが当該不動産を購入したのであれば，Dの立場は法論理的に直接の第三者のそれと異なるところはない。

したがって，同じ論理によって，Dも保護されることになる（最判昭45・7・24民集24巻7号1116頁）（図2-(1)）。

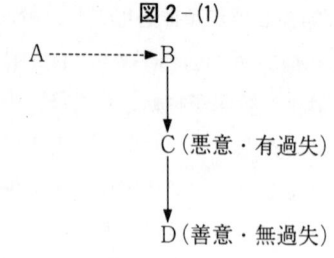

図2-(1)
A┄┄┄┄▶B
　　　　│
　　　　▼
　　　　C（悪意・有過失）
　　　　│
　　　　▼
　　　　D（善意・無過失）

(2) Cは善意・無過失であったが，Dが悪意であった場合

表見法理・権利外観法理は，①人の主観的な信頼を保護するという観点と，②客観的に取引の安全を保護するという観点とを有している。①の観点に立てば，Cが善意・無過失であっても，Dは法的な保護に値する信頼をしていたわけではないゆえ，94条2項の対象にはならないと解すべきであろう。しかし，②の観点に立てば，94条2項により，Cは不動産の真の所有権者となったのであるから，真の所有者から不動産を購入したDは，たとえ悪意であっても所有権者になる（図2-(2)）。

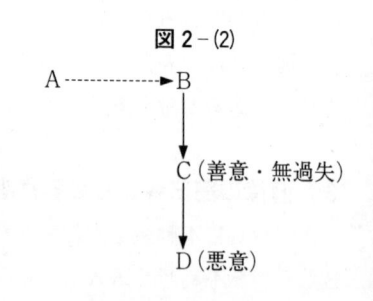

図2-(2)
A┄┄┄┄▶B
　　　　│
　　　　▼
　　　　C（善意・無過失）
　　　　│
　　　　▼
　　　　D（悪意）

この2つの観点から導出された解釈は，双方とも論理整合性を有する。しかしながら，実際の紛争において，①の観点に立って，Dへの所有権の移転を否定した場合，DはCとの売買契約を解除し，Cに代金の返還を請求することになろう。そうして，CはB－A間の虚偽表示の無効を理由に，Bに対して代金の返還を請求することになり，結局，善意のCが実際的な不利益（Dから代金の返還を請求され，Cに代金の返還を請求するという手間）を負うことになる。

これに対して，②の観点に立って，Dへの所有権の移転を肯定した場合，Aは悪意のDから不動産を取り戻せないことになるが，善意のCが実際的な不利益を負うことはない。

94条2項の趣旨に照らせば，転得者（＝D）の悪意と無関係の善意の第三者（＝C）が不利益を被ることは不合理であろう。また，虚偽表示の当事者であるAよりも，善意の第三者であるCの保護が優先さるべきであろう。したがって，結果的には，②の観点に立った解決が妥当であると考える。

なお，判例は，転得者は，直接の第三者の地位の承継を主張しうるので，直接の第三者が善意であれば，転得者は悪意であっても保護されるとする(大判昭6・10・24新聞3334号3頁)。

4　第三者の保護と登記（図3）

　Aが虚偽表示で自身が所有する不動産をBに売却し，Bが善意・無過失の第三者であるCにこれを転売した。この際，CがBから登記を移していなかったとしたら，CはAに対して，真の権利者であることを主張しうるだろうか。

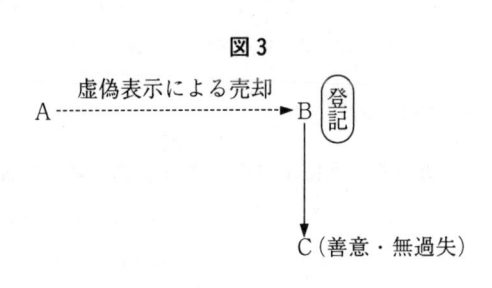

図3

A ------虚偽表示による売却------▶ B （登記）
　　　　　　　　　　　　　　　　　　│
　　　　　　　　　　　　　　　　　　▼
　　　　　　　　　　　　　　　　　　C（善意・無過失）

　すでに効力を生じた法律関係や権利関係の変動を第三者に主張するための法律要件を，対抗要件といい，不動産登記は対抗要件としての効力をもつ。日本民法においては，たとえば，売主が所有していた一軒の家屋を，買主1に売却する契約をした後，買主2に売却する契約をしたとしても，買主2が先に移転登記をすれば，買主1は当該家屋の所有権を取得することができない。

　民法94条2項の趣旨は，Cとの関係では，A-B間の売買が有効になされたものとみなすことにあるから，不動産はA→B→Cと移転したことになる。つまり，AとCとは対抗関係にたつわけではなく，Cが保護されるためには，登記は必要ない。CはAに対して，所有権を主張しえ，登記の移転を主張しうる（通説。判例も同様の立場をとる〈最判昭44・5・27民集23巻6号998頁〉)。

　では，善意・無過失の第三者であるCが，Bから当該不動産を購入し，登記を経由する前に，AがDに当該不動産を売却した場合はどうであろうか(図4)。Dは登記のないAから購入したのだから，94条2項の趣旨に照らして，Cは登記の有無に関係なく所有権を取得できるとする説もあるが，CがBから譲渡を受ける以前には，Bは登記を有

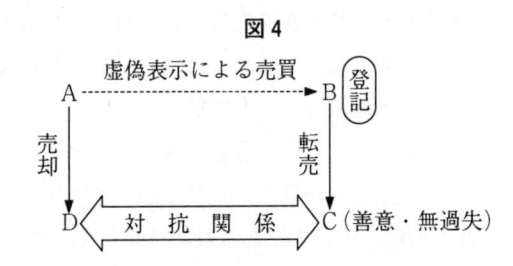

図4

A ------虚偽表示による売買------▶ B （登記）
│　　　　　　　　　　　　　　　　　│
売却　　　　　　　　　　　　　　　転売
▼　　　　　　　　　　　　　　　　　▼
D ⇐======対　抗　関　係======⇒ C（善意・無過失）

していたとしても，Dに対してA－B間の譲渡の有効性を主張しえない。つまり，この限りで，B名義の登記には法的な意味はないことになる。

したがって，当該不動産は，A→D，A→B→Cと二重に譲渡されたことになり，DとCとは対抗関係にあるゆえ，先に登記を具備した方が所有権を主張できることになると考えるべきであろう（学説は分かれるが，判例はこの立場をとる〈最判昭42・10・31民集21巻8号2232頁〉）。

Step up

●**94条2項により保護される第三者の範囲の限界**　〈CASE 1〉のように，A－B間の土地の売買が虚偽表示によるものであった場合，土地を譲渡されたと仮装したBから，その土地に建っている家屋を賃借しているCは，94条2項の第三者にあたるのであろうか。判例は，土地と建物とは別個の財産であるから，Cの利害は法律上のものではなく，事実上のものであるという理由によって，Cが94条2項により保護される第三者であることを否定する（最判昭57・6・7判時1049号36頁）。しかし，実際は，建物使用の前提には，それが建っている土地の使用があり，Bが当該土地を使用することの法的根拠が失われれば，Cが当該家屋を使用することも不可能になりかねず，Cは，虚偽表示を合理的に信頼したことによって不利益を被ることになりかねない。したがって，判例の形式論理的な立場を再考してみる必要があるのではなかろうか。

●**即時取得制度と民法94条2項**　94条2項は権利外観法理・表見法理が法規として現象化したものである。ところで，土地や建物などの不動産については，そこに住んでいる人が，当該土地・建物の持主（所有者）であるのか，借主であるのか，あるいは何の権利もないのかを，「そこに住んでいる」という状態を一見しただけで判別することはできない。既述のごとく，登記制度は，不動産をめぐる権利関係を第三者に対して明示することで，そうした不都合を解消し，94条2項は，登記を信頼した第三者の保護を企図している。上記の問題は，実は動産についても同様である。ノート型パソコンをBが持ち歩いていたからといって，その所有者がBであるかどうかは厳密には判らない。しかし，一般に，ある人が着ている服や持っている本の所有者は，普通はその人であり（あるいは，その人である可能性が高く，そのように推定することに合理性が

あり），この点不動産の場合とは異なる。また，動産は不動産に比して取り引きされる機会が著しく多いから，商品交換の円滑・迅速のためにも，売主が「持っている」（所持・占有している）という事実が，その所有者が売主であるということの信頼の基礎となる外観であるとされる。そこで，民法は，万一売主が所有者でない場合でも，売買の目的物を所持しているという外観を信頼してそれを購入した買主には，目的物の引渡によって所有権が移転するという規定を設け（民192条・即時取得＝善意取得），動産の売買についてはこれを適用する。したがって〈CASE 2〉においてBからノート型パソコンを購入した善意・無過失のCを94条2項を用いて保護する必要はない。

Practice

下記の各問の正誤を答えなさい。

問1．AとBが通謀して不動産の売買契約を仮装した場合，Aは当該契約を取り消すことができる。　　　　　　　　　　　　　　　　　（　　　　）

問2．AとBが通謀して不動産の売買契約を仮装し，登記をBに移していた場合，Bを所有者と信じて当該不動産を購入したCに対して，虚偽表示による無効を対抗することはできない。　　　　　　　　　　　　　　　（　　　　）

問3．不動産の所有者Aが，当該不動産をBの名義で登記していたところ，Bから悪意の第三者Cに転売され，更にCから善意・無過失のDに譲渡された場合，Dに対して，虚偽表示による無効を対抗することはできない。　（　　　　）

問4．AとBが不動産の売買を仮装していた場合，Bを所有者と信じて当該不動産を購入したCは，Aに対して，登記なくして自身が権利者であることを主張しうる。　　　　　　　　　　　　　　　　　　　　　　　　　（　　　　）

問5．離婚は身分行為であるから，離婚を仮装し，離婚届を出しても無効である。
　　　　　　　　　　　　　　　　　　　　　　　　　　　　（　　　　）

Ⅵ 意思表示

No.29 錯　　誤

〈CASE〉 金融商品（たとえば，変額保険商品）を購入したものの，バブル経済の終焉によって多大な損害を被ってしまった場合，買主は売主である保険会社に，保険契約の錯誤による無効を主張できるか。

1　錯誤の態様

　従来，錯誤とは，表意者の効果意思と表示意思との不一致（意思の欠缺）であると解されている。判例および通説によれば，錯誤は，「表示行為の錯誤」と「動機の錯誤」とに類型され，前者はさらに，「表示上の錯誤」と「内容の錯誤」とに類型される。

(1)　表示行為の錯誤

　(a)　表示上の錯誤　　表示行為そのものについて誤認・誤解があった場合である。たとえば，契約書面に1,000万円と書くべきところを，うっかり1,000円と誤って書いてしまったような場合，競市(せりいち)において，同様の言い間違いをしてしまったような場合がこれにあたる。

　(b)　内容の錯誤　　表示行為の意味について誤解があった場合である。¥と£とが同じ価値であると誤信し，契約書に£1,000と書くべきところを，¥1,000と誤記したような場合がこれにあたる。

(2)　動機の錯誤

　効果意思の形成のプロセスで錯誤が生じた場合であり，したがって，効果意思と表示意思との不一致は生じていない。

　売買契約を締結する際の目的や理由などにおける思い違いがあった場合がそれである。たとえば，本物と誤信してまがいものの宝石を買った場合（性状の錯誤，目的物の属性の錯誤），六法全書を紛失したと思って新しく購入したところ，友人の家に置き忘れていたことが判ったというような場合，知人が結婚するものと誤信して結婚祝を購入した場合や，他に連帯債務者がいるものと誤

解して保証人になった場合（狭義の動機錯誤・目的物とは関連のない錯誤）などがこれにあたる（図1）。

図1

```
         ┌─ 表示行為の錯誤 ─┬─ 表示上の錯誤
錯　誤 ─┤                  └─ 内容の錯誤
         └─ 動 機 の 錯 誤 ─┬─ 性状の錯誤，目的物の属性の錯誤
                            └─ 狭義の動機錯誤，目的物と関連のない錯誤
```

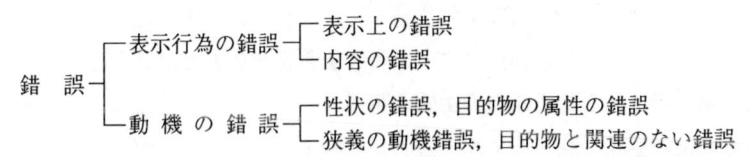

2　錯誤の意義（要件・効果）

現行民法95条は，「意思表示ハ法律行為ノ要素ニ錯誤アリタルトキハ無効トス但表意者ニ重大ナル過失アリタルトキハ表意者自ラ其無効ヲ主張スルコトヲ得ス」と規定する。95条による錯誤無効の承認は，本来自己責任の領域に属する表意者自らの思い違いの不利益を，意思の不存在を根拠に，意思表示に拘束されないという限りで，例外的に受意者に転嫁することを許容したものである（それゆえ，表意者は重過失がある場合には保護されない。また，表意者への損害賠償は別問題である）。

判例・学説上，要件論においては「要素の錯誤」とは何か，および，重過失の証明責任の所在が，効果論においては「第三者による錯誤無効の可否」が論点となっている。

(1)　要素の錯誤

判例・通説は，意思表示の内容の主要な部分に錯誤があり，それがなかったならば表意者は意思表示をしなかったであろう場合（因果関係の存在）で，かつ，当該錯誤が，それがなければ意思表示をしないであろうことが，通常人の基準に照らしても（すなわち，一般取引の通念に照らしても）相当であると認められる程度の重要な部分についてのものであった場合に，法律行為の要素に錯誤があったものと解する。

(2)　重過失の証明責任の所在

注意義務違反の程度の著しいものが重過失である。錯誤についての表意者の重過失の存在によって利益を受けるのは受意者であるから，その証明責任も受意者にある。

ただし判例・通説は，受意者が表意者の錯誤を知っていた場合（受意者が悪意のとき）には，受意者の保護は必要ないとする。なお受意者が表意者の錯誤を認識している蓋然性がある場合（受意者に過失があるとき）も同様に解すべきかについては，109条・110条の姿勢から，これを肯定する説と，95条の文理解釈上無理があるなどの理由によってこれを否定する説とが対立している。

(3) 第三者による錯誤無効の主張の可否

民法95条の意義に照らして，表意者が無効を主張する意思がない場合に，第三者や受意者からの無効主張を認めることには合理性がない（最判昭40・9・10民集19巻6号1512頁）。

3　動機錯誤の法的保護

現行民法典の制定当初，効果意思の形成の理由である動機の錯誤は，外部からは認識できないゆえ，取引安全の見地から法的に保護されえないと解されてきた。

しかしながら，その後，一定の動機の錯誤については保護の必要性が認められるようになり，今日では，学説・判例ともに，原則として動機錯誤は保護されない（無効にはならない）という枠組みを維持しつつも，一定の要件の下に，動機を「法律行為ノ要素」とし，表意者に重過失がない場合には錯誤による無効を承認する。以下に現在の代表的な学説と判例の動向を概観する。

(1) 動機錯誤と表示錯誤を区別する見地

意思主義にもとづき，意思表示の心理的なプロセスの区分によって，錯誤を表示上の錯誤・表示内容の錯誤と動機の錯誤に分類した上で，後者は原則として保護されないとしつつ，動機が明示または黙示に表示され，意思表示の内容を形成している場合には，動機の錯誤であっても顧慮する（要素の錯誤に該当し，意思表示が無効になる可能性がある）というのが，かつての通説（学説・判例）であり，こうした見解は，動機の錯誤を排斥する硬直した心理的意思主義を表示主義の観点から一部修正したものと一般に評される。判例は現在も表面上はこうした立場を維持する（大判大3・12・15民録20輯1101頁〔リーディング・ケース〕）。

しかし，ただ単に動機が表示されたという要件によって錯誤が認められる場

合，錯誤無効が不適切と考えられる事例がある。たとえば，友人の結婚祝のプレゼントを購入したもののすでに婚約が破棄されていたという場合に，そうした動機が表示されていれば錯誤無効の主張が認められるという解決には疑問があろう。

また，動機が表示された場合にのみ動機錯誤が保護されるとするのであれば，他の錯誤についても表示が要求されなければ首尾一貫しないことになる。

さらに，取引の安全の担保の可否を理由に動機錯誤と表示錯誤とを区別し，動機錯誤の場合にのみ取引の安全の侵害を主張する見解は，表示錯誤の場合においても同様の事態が生じうることに鑑みれば，やはり論理一貫性に欠けるものであろう。そもそも，動機錯誤と表示錯誤との相違，とくに表示錯誤の1つであるとされる同一性の錯誤と，代表的な動機の錯誤であるとされる性状の錯誤との区別はきわめて微妙であるとの指摘もなされている。

(2) **動機錯誤と表示錯誤を一元的に把握する見地**

上記の批判を基に，動機錯誤と表示錯誤とを区別して扱うこと自体を否定し，両者を同一の要件の下で保護すべきである（要素の錯誤として意思表示の無効を承認すべきである）との主張がなされ，今日の通説的地位をしめるに至っている。もっとも，その要件の内容については，おのおのの学説によって相違がある。以下に代表的な4つの見解を概観する。

川島武宜説は，表意者が錯誤に陥っていたことについて相手方が知りまたは知りうべきであった場合，すなわち当事者間に錯誤についての予見（認識）可能性がある場合には，錯誤無効が認められうるとする。

また，野村豊弘説は，錯誤そのものの認識可能性ではなく，錯誤に陥った事項が表意者にとって重要であることを相手方が認識しえた場合には，錯誤無効が認められるとする。

上記の二説の違いは，表意者と相手方の双方が共通の，あるいは双方が別々の錯誤に陥っていた場合の対処にある。たとえば，表意者も相手方もそれが真作であることを信じて複製の絵画の売買契約を締結した場合，あるいは，真の売買対象の不動産の番地が3番地であったのに，表意者は4番地，相手方は5番地だと信じて売買契約を締結した場合において，川島説によれば，錯誤は認められないが，野村説によれば，錯誤主張が認められることになろう。

なお，須田晟雄説，四宮和夫説は，原則的に川島説，野村説を継受しつつ，動機の錯誤の類型化を行う。すなわち，表意者と相手方の双方が錯誤に陥った場合（共通錯誤）と一方のみが錯誤に陥った場合（一方錯誤）とが，野村説においては統一の要件で構成されているのに対し，須田説は，一方錯誤については，錯誤自体の認識あるいは認識可能性が必要になるが，共通錯誤については，錯誤に陥った事項が契約の前提もしくは両当事者が重要な要素として契約内容に受容されていることで足りると解する。

また，動機の錯誤を，友人の結婚祝のプレゼントを購入したもののすでに婚約が破棄されていたといった意思表示の間接的な目的ないし理由に関する「狭義の動機錯誤」と意思表示の対象である人や物の性状に関する「属性の錯誤」とに分類し，前者については特約その他の特別の事情がないときには顧慮されないが，後者については表示の錯誤と合わせて統一的な処理がなされるべきであるとし，四宮説も同様の見解を示す。こうした学説の動向は，動機と効果意思の区別を否定してきた一元的構成に対して，何らかの問題点を暗示するものであるとも評されている。

(3) 民法95条による動機の保護を否定する見地

動機錯誤と表示錯誤とを峻別し，改めて前者を「錯誤」の問題として扱うことを否定するのが，高森八四郎説，高橋三知雄説，磯村保説である。しかしながら，これらの諸学説においては，動機の錯誤を民法95条の保護対象から排除することと，動機の錯誤を法的に保護しないこととは同義ではない。

すなわち，表示の錯誤は意思と表示の不一致であり，表意者が自身の欲していない法律効果を受けるか否かの問題であるが，動機の錯誤は契約内容と事実の不一致の問題であり，両者は利益状況を異にする。

動機の錯誤は，表意者が意欲したとおりの法律効果が生じたにもかかわらず，当該意思表示の前提となった事実について誤認していたというケースであり，原則として誤認のリスクは表意者自身が負担すべきである。そうして，誤認のリスクを相手方に転嫁するためには，動機が条件・保証・特約などのかたちで合意されていることが必要になる。要するに，動機の錯誤は「錯誤」であることを理由に法律行為＝意思表示法秩序によって保護されるのではなく，当事者間の合意と事実との不一致についての契約法的救済の問題とされることになる。

なお，高森説によれば，判例において表示された動機が問題となっている場合には，当該動機のほとんどが合意の対象にまで高められているとされる。

4 動機錯誤の法的保護と制度間競合論

動機の錯誤の法的保護をめぐっては，詐欺，債務不履行責任，瑕疵担保責任，事情変更の原則，情報提供義務，不実表示，契約締結上の過失，不法行為など，他の法制度との競合が問題になる。今日の民法学上の課題の1つとして注目されている。

Step up

●**情報提供義務と動機錯誤の法的保護**　〈CASE〉は，一見すると，効果意思の形成過程における表意者自らの思い違いによるもの（金融商品の購入が利益を得るチャンスである一方，損失を被るリスクを負うものであることに関する認識不足）であり，表意者の自己責任の領域に属するゆえ，95条による保護の対象にはなりえないようにみえる。

しかしながら，現代社会が高度な分業社会として承認されており，市場における商品についての情報の偏在という構造的実態（専門家と消費者との間の当該情報量の格差）に鑑みれば，情報の不備のために動機の錯誤に陥った消費者を，95条の保護の対象にする余地はあると思われる。

Practice

下記の各問の正誤を答えなさい。

問1．動機の錯誤による契約の無効は主張できない。　　　（　　　）
問2．表示行為の錯誤は，心裡留保と事実上同じことである。（　　　）
問3．虚偽表示の相手方は錯誤に陥っている。　　　　　　（　　　）
問4．本物であると思って複製の絵画を購入した買主は，一般に錯誤による売買契約の無効を主張することができない。　　　　　　　　（　　　）
問5．友人の婚約が解消されたのを知らずに，結婚祝を購入した場合，原則として当該売買契約の錯誤による無効は主張することができない。（　　　）

No.30　詐欺・強迫による意思表示

〈CASE〉　1．売主が，他社の商品に比べて，自社の商品がいくつかの点で劣っていることを明示せずに売買契約を締結した場合，買主は当該契約を詐欺によって取り消すことができるか。
　2．長時間にわたる強引な勧誘のため，不必要な商品の購入を余儀なくされた場合，売買契約を強迫を理由に取り消すことができるか。

1　総　説

伝統的な意思表示理解によれば，詐欺および強迫とは，表意者の効果意思の形成過程において，外部からなされうる不当な介入である。心裡留保や表示の錯誤が，内心の効果意思と表示との不一致であるのに対して，詐欺および強迫は，内心の効果意思と表示とは合致しているものの，表意者の自由意思を制限する（意思決定の自由を阻害する）。

既述のように，心裡留保や虚偽表示，表示の錯誤を「意思の欠缺」と呼び，詐欺および強迫による意思表示を「瑕疵ある意思表示」と呼ぶ（*No. 26*「意思表示の意義」の項を参照）。

民法96条は，詐欺および強迫による意思表示を取り消しうるものとし，表意者の保護を図っている。

2　詐欺による意思表示
(1)　要　件

詐欺とは，他人をだまして錯誤に陥らせる行為である。なお，積極的な欺罔行為だけではなく，沈黙（表意者の錯誤を利用した場合）も詐欺になりうる。

通説が詐欺の要件として挙げるのは，次のようなものである。

(a)　「二重の故意」の必要　　判例によれば，詐欺が成立するためには，表意者を錯誤に陥れ，さらに，それによって意思を決定させ，表示させることを，

相手方（欺罔行為を行った者）が意図していたことが必要である。

(b) 欺罔行為の違法性　詐欺が成立するのは，欺罔行為が社会通念に照らして違法なものであるときであると解される。たとえば，商業的な営為において，売主が商品の美点のみを誇張し，欠点には触れないことは法的に許容されうるであろう。違法性の有無は，当事者間の社会における関係（たとえば，事業者と消費者，専門家と素人といった関係）を考慮しつつ判断さるべきである。

(c) 詐欺と意思表示の因果関係の存在　瑕疵ある意思表示の原因が詐欺であることが要件となる。

(2) 効　果

民法96条1項は，相手方が詐欺を行った場合には，表意者は常に意思表示を取り消すことができるとする。

心裡留保，虚偽表示，錯誤など，意思の欠缺の場合には，意思表示は無効とされるのに対して，詐欺の場合には取消が認められるに止まるのは，前者においては効果意思が不在であるのに対し，後者においては効果意思が存在しているからであるとされる。

しかし，ドイツ民法学の影響を受けた伝統的な意思表示理論にもとづく上記の区分が，実際の紛争処理において機能しうるか否かについては議論の余地があると思われる（既述の *No. 26*「意思表示の意義」の項および *No. 29*「錯誤」の項を参照）。

なお，詐欺の効果としては，第三者が詐欺を行った場合の意思表示の取消の可否と，善意の第三者に対する詐欺取消の効果をめぐる問題が論じられる。

(a) 第三者が詐欺を行った場合の意思表示の取消の可否（図1）　民法96条2項は，第三者が詐欺を行った場合には，相手方がその事実を知っていたときに限り，意思表示を取り消すことができると規定する。

たとえば，BがCから金銭を借りるための保証人になってくれるように，AがBに頼まれた際，Bは自身の所有している不動産にCのための抵当権を設定するのでAに迷惑をかけることはなく，保証人になってもらうのは形ばかりの

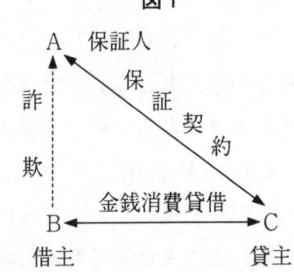

図1

ことであると説明した。Aは，この説明を信じてBの保証人になったが，実は当該説明はまったくの嘘であり，後にBが返済不能に陥り，AはCから弁済を求められた，という事件を想定してみる。

Bは保証契約の当事者ではないが，CがBのAに対する詐欺を知っていた場合（BとCが共謀していた場合）には，Aの保証契約締結の意思表示を取り消してもCが不測の損害を被ることはない。したがって，Aの瑕疵ある意思表示の取消は承認されることになる。

(b) **善意の第三者に対する詐欺取消の効果（図2）** 96条3項によれば，詐欺取消の効果は，善意の第三者には対抗することができない。

たとえば，AがBの詐欺により，A所有の不動産をBに売却し，BがそれをCに転売した後で，Aの意思表示が取り消された場合，Cは無権利者であるBから不動産を購入したことになる（取消には遡及効〔Aの意思表示がはじめからなかったものとして扱われる〕がある）から，所有権を取得することはできない。

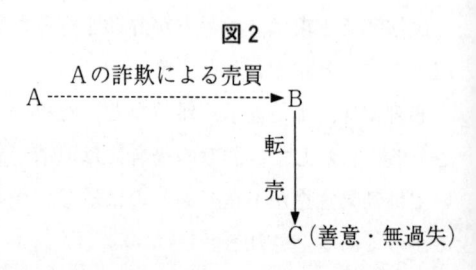

図2
Aの詐欺による売買
A ------------------- B
　　　　　　　　　　　転
　　　　　　　　　　　売
　　　　　　　　　　　↓
　　　　　　　　　　　C（善意・無過失）

しかし，CのBに対する合理的な信頼は保護される必要があり，その限りで，96条3項は第三者の保護を図ったのである。

なお，96条3項は，「第三者の善意」を第三者保護の要件とし，判例もこれに従う。しかし，第三者の信頼の保護を96条3項の趣旨ととらえるのであれば，当規定は権利外観法理の適用例に外ならず，「第三者の善意・無過失」が要件とされるべきであろう（*No.28*「虚偽表示」の2。民法94条2項と表見法理・権利外観法理を参照）。

(c) **第三者の保護と登記の有無** 96条3号は，詐欺による意思表示でも，善意の第三者との関係では有効なものとして扱うという趣旨であるから，第三者が保護されるために登記の必要はない。判例もこれに従う（最判昭49・9・26民集28巻6号1213頁）。しかし，上記の見地によれば，表意者が第三者よりも先に登記を回復していた場合にも，第三者は当該登記の抹消を要求しうることになる。表意者と第三者の自身の権利確保のためになすべき行為という観点から

登記の有無を評価することが，公平な問題解決であろう（図3）。

(d) **詐欺取消前の第三者の保護と取消後の第三者の保護** 形式論理に従えば，96条3項の趣旨が，取消に遡及効があることで善意の第三者が不測の損害を被ることを防ごうとするものであるゆえ，取消後の第三者は適用対象にはならない。しかし，学説は，取消後の第三者の立場が著しく不安定になるという理由からこれに反対し，取消後については，登記の先後の関係によって第三者の保護の問題を解決することを主張し，判例（大判昭17・9・30民集21巻911頁）もこの立場をとる。

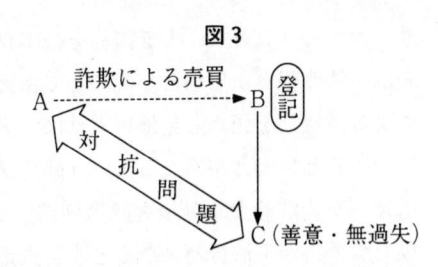

図3

詐欺による売買
A -------→ B 登記
 ↘対抗問題↘
       C（善意・無過失）

たとえば，上記の事案で，Cが取消後の第三者であったと仮定すると，BがAとCに不動産を二重譲渡した場合と同様（Cへの物権変動とAへの復帰的物権変動）に考えることができるから，対抗問題となり，先に登記をした方が所有権を主張しうることになる。

しかしながら，そもそも第三者の保護は，登記に公信力を付与していないわが国の法秩序において，合理的な信頼を保護し，取引の安全を図るためのものであるから，取消後，不動産の譲渡の時にもBの登記が抹消されていなければ，一貫して権利外観法理の適用例とみて，94条2項を類推適用するのが妥当ではないかと考えられる（**No.28**「虚偽表示」の2．民法94条2項と表見法理・権利外観法理を参照）。

(3) 詐欺と制度間競合論

錯誤の場合と同様に，詐欺による表意者の法的保護をめぐっても，他の法制度との関係が問題となる。すなわち，動機の錯誤による意思表示の無効（詐欺取消と錯誤無効の「二重効」の問題），債務不履行責任，瑕疵担保責任，情報提供義務，不実表示，契約締結上の過失，不法行為責任などとの競合が民法学上の現代的な課題として議論されている。

これが制度間競合論である。

たとえば，悪質なセールス・トークによって，不本意な意思表示をし，不本意な契約を締結した者は，一定の動機の錯誤による意思表示の無効を認める見

地，かかるプロセスによる締約を公序良俗違反とする見地によれば，当該意思表示・法律行為が無効となることで保護される。また，詐欺概念の拡張（過失による詐欺）を認める見地によれば，当該意思表示の取消によって保護される。契約内容と事実とが異なるという観点から，債務不履行責任，瑕疵担保責任の追及（契約解除および損害賠償請求）も可能である。自己決定権・「契約期待権」の侵害が不法行為になるとする見地によれば，不法行為上の損害賠償請求権の行使も可能である。さらに，「契約締結上の過失」理論，不実表示の法理，情報提供義務論といった新たな枠組みも提唱されている。

　こうした諸見解が，現行の日本民法の体系においてどのように位置付けられるべきか，すなわち，何れかの制度によってかかる事態の統一的な法的保護がなされるべきか，制度によって棲み分けがなされるべきか，あるいは制度間の競合関係にあるべきかが，おのおのの制度の成り立ち，おのおのの制度における保護の要件・法的効果の関係を詳細に検討した上で明らかにされなければならない問題として残されている。

3　強迫による意思表示

(1) 意　　義

　他人に恐怖心を生じさせ，その自由な意思決定を妨げ，相手に意思表示をさせる違法な行為を強迫という。強迫による意思表示は，一応の効果意思を有するものの，効果意思を形成するプロセスにおける表意者の任意性に欠けている。そこで，民法96条は，詐欺とのアナロジーによって，強迫による意思表示を取り消しうるものとしたのである。

　ただし，いかなる行為を強迫と解しうるか（違法と解しうるか）は，微妙である。従来，判例・学説は，強迫行為を厳格に解釈してきたが，現代社会において，それがどの程度の範囲にまで及ぶべきかを明らかにすることが課題の1つであろう。いわゆる「経済的威迫」（たとえば，元請企業が下請企業に，その経済的優位性を利用して，有利な契約を締結させた場合）が強迫にあたるか否かなどが論点となっている。

(2) 要　　件

　故意に，害悪が及ぶことを相手に告げ，その畏怖によって意思を決定させ，

表示させようとすることが必要である。ただし，強迫行為に違法性がない場合には，96条の保護の対象にはならない。違法性の有無は，畏怖させる目的や手段が正当であるか否かによって判断される。すなわち，社会における当事者間の関係に照らして，その判断がなされることになる。

判例・裁判例における違法性の有無についての判断は以下のごとくである。

目的・手段ともに正当であり，強迫にはならないとされたもの。

従業員が多額の金銭を横領したため，使用者が，その身元保証人に対して，当該従業員を告訴するなどといって借金証文を差し入れさせた（大判昭4・1・23新聞2945号14頁）。

目的が正当ではないとして強迫になるとされたもの。

不正の利益を得る目的で，会社の重役を告発すると脅し，価値のない株券を高価で買い取らせた（大判大6・9・20民録23輯1360頁）。

目的は正当であるが，手段が不当であるとして，強迫になるとされたもの。

債権の回収に際し，債権者が，債務者の身体に危害を加えるかのごとき言動をし，債務者の妻が重畳的な債務の引受を強いられ，また，債務者の両親が抵当権の設定を強いられた（神戸地判昭62・7・7判タ666号172頁）。

なお，債権者が一晩中債務者に対して強硬な返済要求をし，債務者が疲労困憊して手形を振り出した事例について，債務者の意思表示は無効であるとした裁判例がある（東京高判昭52・5・10判時865号87頁）。こうした場合には，強迫の程度が著しく，表意者が意思決定の自由を奪われていたのはもとより，効果意思の存在すらなかったとみなされたものと思われる。

(3) 強迫と意思表示との因果関係

他人の強迫が原因で，表意者が畏怖を感じ，そのために意思を決定し，表示したことが要件の1つとなる。

(4) 効　　果

強迫による意思表示は取り消すことができる。96条2項3項のような制限はなく，したがって，第三者の強迫の場合には，相手方の善意・悪意に関係なく取消権を行使できる。また，強迫によって不動産を売却した売主が取消を行った場合，取消前に当該不動産を転売された善意・無過失の買主（第三者）は所有権の取得を主張できないが，取消後の第三者については，詐欺の場合と同様

の問題が生じる（上記2(2)(d)を参照）。

これも権利外観法理の適用例とみて，94条2項を類推適用するのが妥当ではないかと考えられる（***No. 28***「虚偽表示」の項2。民法94条2項と表見法理・権利外観法理を参照）。

詐欺・強迫による取消がなされた場合の第三者（詐欺については善意・無過失の第三者）の保護について整理すれば図4のようになる。

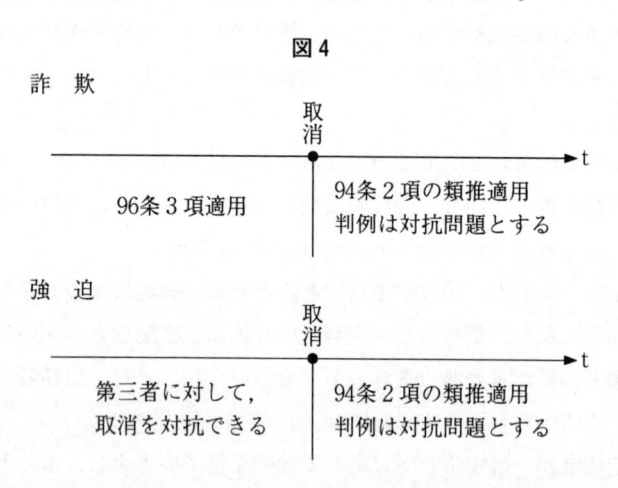

図4

```
詐　欺
                        取
                        消
─────────────────────────●─────────────────────────▶ t
      96条3項適用         94条2項の類推適用
                         判例は対抗問題とする

強　迫
                        取
                        消
─────────────────────────●─────────────────────────▶ t
    第三者に対して，       94条2項の類推適用
    取消を対抗できる       判例は対抗問題とする
```

Step up

●**過失による詐欺の成立の正否**　商業的な営為として，自社製品の美点を強調することは許容される。したがって，〈CASE 1〉は一般に詐欺にはならない。しかし，売買の目的物が複雑な属性を有している場合には，専門家である売主には素人である買主に，それについて説明する義務を負うという見地がある。売主がこうした義務に違反して，買主を動機の錯誤に陥らせた場合，詐欺概念を拡張して，表意者（買主）に意思表示の取消を認めるべきかが議論されている。

●**強迫行為の目的と手段**　〈CASE 2〉において，商品を売るという目的は違法ではないが，その手段（長時間にわたるセールス）は強引であり，不要なものを買わされたという事実からも，手段においては違法性があったと認められる。既述のように，裁判例には，手段の違法性を認めて，意思表示の無効を

認めたものもある（3(2)参照）。

Practice

下記の各問の正誤を答えなさい。

問1．詐欺や強迫による意思表示は無効である。　　　　（　　　）
問2．詐欺の被害者は，常に動機の錯誤に陥っている。　　（　　　）
問3．第三者の強迫があった場合，相手方がその事実を知っていた場合のみ，表意者は意思表示を取り消すことができる。　　　　　　　　　　（　　　）
問4．能動的に相手を騙したのでなければ，詐欺を行ったことにはならない。
　　　　　　　　　　　　　　　　　　　　　　　　　　（　　　）
問5．借りた100万円を返さずにいたところ，貸主が「金を返さなければ家族を殺す」と電話してきた。これは強迫にあたるから，100万円は返さなくてよい。
　　　　　　　　　　　　　　　　　　　　　　　　　　（　　　）

No. 31 意思表示の到達

〈CASE〉 Aから不動産の売却申込の手紙を受け取ったBは，Aに承諾の発信をする前に，Cに当該不動産を転売することは可能か。

1 意思表示の効力発生時期

われわれが通常行っている買い物などの現実売買における申込の意思表示とこれに対する承諾の意思表示に関しては，双方の表示行為がほぼ同時に行われ，それによって双方が意思を外部に表わした時点で合意が成立する。電話による契約の締結も同様であり，対話者間の取引と呼ばれる。

しかし，距離の離れた隔地者間の書簡等による取引の場合には，申込に対する承諾が直ちに行われえないことがある。こうした際には，意思表示を発信した後，表意者が死亡してしまった場合や，意思表示を撤回したい場合の法的処理，相手方その人ではなく，その同居人が書簡を受け取った場合の法的効果などさまざまな問題が生じる。

また，表意者が，意思表示の相手方，あるいはその所在を知りえない場合の意思表示の可否も問題である。

民法97条および98条は，このような諸問題への原則的な対応を規定している。

2 隔地者の意思表示の効力
(1) 序　説

隔地者間の意思表示においては，意思の表明と相手方への到達の間に時間差が生じる。そこで，どの時点で意思表示の効力が生じるのかが問題になる。この問題については2つの考え方ができる。

すなわち，申込の意思表示は相手方に到達してはじめて効力を生ずるというもの（到達主義と呼ばれる）と，発信したときに効力を生ずるとするもの（発信主義と呼ばれる）とである。

両者は、いったん発信した申込の意思表示を撤回しようとする際に相違する。たとえば、手紙によって申込の意思表示をした場合、到達主義によれば、それが相手方に到達する前に、撤回の意思を電話で通知しうれば、その撤回は可能である（もっとも、不到達や延着のリスクは申込者が負担する）。

これに対して、発信主義によれば、手紙を投函した時点で申込の効力が生じるから、これを当然には撤回することができない。したがって、発信主義を採ると申込の意思表示をする側に不利益になる場合がある。

(2) **申込の意思表示の効力発生時期 —— 原則としての到達主義 ——**

民法97条1項は、隔地者間の申込の意思表示について、原則的に到達主義が採られるものとする。これには、2つの理由があると考えられる。

第1に、契約の解除、意思表示の取消、あるいは相殺、催告などの相手方のある単独行為の存在である（単独行為については *No. 26*「意思表示の意義」の項を参照）。たとえば、解除の意思表示が書簡によって行われた場合、発信主義を採用すると、意思表示が通知されるまでの間、解除の相手方がそれを知らずにいたために不利益を被ることがあるからである（賃貸借契約の解除を通知した手紙が発信されてから届くまでの間、賃借人が借家に住み続けていたことが不法とされることになる）。

第2に、申込はそれのみでは何の法的効果も生じさせないゆえ、発信主義を採用して申込者の申込の意思表示撤回の自由を奪うことには意味がないからである。

したがって、意思表示の撤回は、到達前であれば可能である。なお、契約申込の意思表示を記載した書面と撤回の意思表示を記載した書面が同時に相手方に到達したときには意思表示の撤回が認められる。

(3) **「到達」の意味**

判例・学説によれば、到達とは、客観的に相手がその意思表示を了知できる状態になることをいう。たとえば、郵便が郵便受に投函された場合、相手の住所地で、本人ではなく同居している親族や内縁の妻などが郵便を受領した場合にも到達があったものとされる（大判明45・3・13民録18輯193頁；大判昭17・11・28新聞4819号7頁）。なお、到達が効力を生じるためには、相手方に受領能力があることが必要である。98条によれば、未成年者や成年被後見人には受領能力は

ない。ただし、その法定代理人が受領を知った後は、表意者は意思表示があったことを主張しうる。

(4) 承諾の意思表示の効力発生時期

申込の意思表示の効力発生時期について到達主義が採られるのに対して、民法526条1項は、承諾の意思表示の効力発生時期については発信主義を採用する。申込の相手方の信頼の保護のためであり、また、迅速な取引のためでもあると説明されるが、申込者が一方的に不利益を負いかねず、これに批判的な学説も多い。諸外国においても、承諾に到達主義を採用しているところもあり（たとえば、ドイツ）、議論されるところである。

3 申込の拘束力

既述のごとく、申込の意思表示については原則的に到達主義が採られている。したがって、申込の意思表示が相手方に到達する前には、それを撤回することは可能である。では、到達後に意思表示を撤回することはできるのであろうか。民法は、申込に一定の拘束力を認め、承諾のための期間の定めがあるときと、承諾のための期間の定めがないときに分けて、次のように規定する。

(a) 承諾期間の定めがあるとき　承諾期間内は申込を撤回できない（521条1項）。承諾の期間を定めて行った申込については、申込の効力の存続期間内に承諾が発信されれば契約は成立する（526条1項）が、承諾期間内に承諾の通知を発信しても、到達が期間後であれば、申込の効力は失われる（521条2項）。つまり、承諾期間内に承諾が申込者に到達することによって、承諾の発信時から契約の効力が発生することになる。

この外、関連条文として、民法522条・523条・528条などがある。

(b) 承諾期間の定めがないとき　申込者が承諾の通知を受けるに相当の期間はこれを撤回できない(524条)。相手方に相応の意思決定のための時間が必要だからである。承諾期間が定められていない場合には、相当の期間の経過によって撤回が可能になり、実際に撤回の意思表示がなされることによって申込の効力が失われる(なお、商法508条参照)。また、相当な期間内に承諾が発信されれば、申込の効力の存続期間経過後に到達したり、およそ到達がなかった場合にも、526条1項によって、契約は成立すると解されている。このほか、関連

条文として，527条・528条などがある。

4　公示による意思表示

到達主義を採用した場合，表意者が相手方あるいはその所在を知りえないときには，意思表示の効力を生じさせることができない。そこで，民法97条ノ2第1項は，公示による意思表示という方法で，この問題の解決を図っている。

97条ノ2第4項によれば，表意者は，相手方が不明である場合には，自己の住所地の簡易裁判所に対し，相手方の所在が不明である場合には，相手方の最後の住所地の簡易裁判所に対して，公示による意思表示の申立をすることができる。この際，裁判所は公示に関する費用を予納させ（97条ノ2第5項），公示送達に関する民事訴訟法の規定（民事訴訟法111条）に従って，裁判所の掲示板に掲示し，かつ，その掲示のあったことを官報と新聞紙に少なくとも1回掲載する（97条ノ2第2項本文）。ただし，裁判所が相当と認めたときには，市役所・町村役場またはこれに準じる施設の掲示板に掲示して，官報と新聞紙への掲載に代えることができる（97条ノ2第2項但書）。

公示による意思表示は，最後に官報もしくは新聞に掲載した日またはその掲載に代わる掲示を始めた日から2週間を経過した時に，相手方に到達したものとみなされる（97条ノ2第3項本文）。ただし，表意者が相手方を知らずまたはその所在を知らないことについて過失があったときは，到達の効力を生じない（97条ノ2第3項但書，民事訴訟法112条・113条）。

Step up

●**申込の拘束力と承諾の発信主義**　民法は，契約の申込については到達主義を採り，承諾については発信主義を採る。521条および524条は一定の期間申込の拘束力を認めるから，〈CASE〉においては，申込の到達後，承諾の意思表示を発信するまでの間に，すなわち，未だ契約が成立していないときに，契約の対象を転売することは，法的に容認されているといえよう。この際の申込者の不利益は，事前に承諾の期間を当事者の間で定めておくことである程度解消できる。

もっとも，申込に拘束力を認めること，あるいは，承諾の発信主義が合理性

を有するのか否かを，現在の社会および法状況に照らして，改めて考えてみる必要もあろう（図1）。

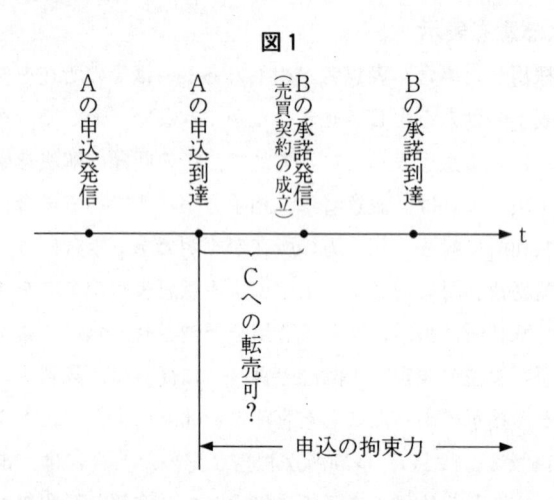

図1

```
Aの申込発信   Aの申込到達   Bの承諾発信   Bの承諾到達
                          （売買契約の成立）
●─────────●─────────●─────────────●──────→ t
              │         │
              │    Cへの転売可？
              │         │
              ├─── 申込の拘束力 ───┤
```

Practice

下記の各問の正誤を答えなさい。

問1． AのBに対する意思表示を記載した書面がBの住所に配達されたが，Bが病気で入院していたため，Bの妻がこれを受領した場合には，当該意思表示はBに到達したことにはならない。　　　　　　　　　　　　（　　　　）

問2． 公示による意思表示において，表意者が過失によって相手方の所在を知らなかった場合であっても，相手方に到達したものとみなされる。（　　　　）

問3． AがBに対して契約申込の意思表示を記載した書面を発送した後で，事故により死亡した場合，BがAの事故死を当該書面が配達される前に知っていたときには，申込の意思表示は効力を生じない。　　　　　　（　　　　）

問4． AのBに対する意思表示を記載した書面がBの住所に配達されたが，Bが病気で入院していたため，Bの内縁の妻がこれを受領した場合には，当該意思表示はBに到達したことにはならない。　　　　　　　　　　　（　　　　）

問5． AがBに対する契約解除の意思表示を記載した書面を発送した直後に病死した場合，それがBの住所に配達されたとしても，解除の意思表示は効果を生じない。　　　　　　　　　　　　　　　　　　　　　　　　　　（　　　　）

問6． 契約申込の意思表示を記載した書面を発送した後で，止むを得ない事情から

No.31 意思表示の到達

これを撤回する必要が生じたため，撤回の意思表示を記載した書面を発送したところ，2つの書面が同時に相手方に到達した。このとき意思表示の撤回は認められる。　　　　　　　　　　　　　　　　　　　　（　　　）

VII 代 理

No. 32　代理の意義

〈CASE〉 委託者Aから頼まれて，問屋Bが相手方Cに商品を売却した（あるいは相手方Cから購入した）場合に問屋Bは自分の名前で行う。これは代理とどのように違うのか。

1　代理の意義

　代理とは，本人と一定の関係にある他人（代理人）が，本人のために意思表示を行う（あるいは意思表示を受領する）ことによって，その効果を直接本人に帰属させる制度である。たとえば，本人Aのために，代理人Bが，A所有の家屋を相手方Cに売却する場合，売買契約は代理人Bと相手方Cの間で締結されるが，その効果はすべて本人Aについて生じ，売買契約は本人Aと相手方Cの間に成立する。通常，法律行為をする者とその効果を受ける者が同一人であるのに，代理では両者に分かれている点に特徴がある。
　このような特徴を持つ代理制度の主たる機能は，以下のようなものである。
　(1)　私的自治の拡張
　取引関係が多方面におよび，その範囲が拡大し専門知識を必要とするようになると，自分一人でそのすべてを処理することができなくなる。企業が従業員や代理店を代理人として取引をすれば，広範に取引を行うことができるようになる。ここで代理は，私的自治の拡張として機能しているのである。
　(2)　私的自治の補充
　未成年者や制限行為能力者は自分一人では契約・法律行為をすることができない。しかし制限行為能力者も他人と法律行為をしなければならない場合がでてくる。そのときに制限行為能力者の能力を補充するために代理が機能する。さらに，不在者の財産管理人もここに入る。ここで代理は，私的自治の補充として機能する。

2 代理の認められる範囲

(1) 代理は意思表示について認められている。意思表示であるかぎり，本人Aの代理人Bが相手方Cに行った意思表示（能動代理）でも，代理人Bが相手方Cから受領した意思表示（受動代理）でもよい（99条）。

(2) 意思表示のうちでも，婚姻の申込や承諾などのように当事者本人の意思表示を絶対必要とするものについては，代理は認められない。この種のものを代理に親しまない行為という。婚姻，認知，縁組などの身分上の意思表示に多い。

(3) 代理は意思表示について認められるために，不法行為や事実行為（拾得，発見，加工など）には代理は認められない。ある企業の労働者が業務を行うに際して交通事故を起こして相手方の権利を侵害し損害を与えたような場合には，企業に賠償責任があるが，それは民法715条の使用者責任が発生するのであって，代理の効果が発生するのではない。さらに，意思の通知（催告など）や観念の通知（社員総会の通知など）は，一定の者が本人に効力を生ずべきものとして表示し，それにより直接本人に効力を生ずるとみるべきだから代理の規定を類推適用すべきである。

3 任意代理と法定代理

本人から信任を受けて代理人になるものを任意代理人という。民法は，任意代理を「委任ニ因ル代理」と規定しているが（104条），委任契約だけが代理権を発生させるものではなく，その他の契約（請負，組合，雇用契約など）も代理権を発生させることができるので，任意代理と呼んでいる。それに対して，法律の規定によって選任されるものを法定代理人という。法定代理にはいろいろな場合がある。①本人と一定の関係のある者が代理人になる場合（未成年の子に対する親権者），②本人以外の私人の協議や指定により一定の者が代理人になる場合（父母の協議による親権者），③裁判所によって選任される者が代理人になる場合（不在者の財産管理人）。

4 代理と類似する制度

代理とは，本人と代理人の間で委任契約が締結され，代理人がその委任事務

を対外的に処理するために，対外的に行動することができる地位・資格である。代理人が本人のために委任事務を処理するには，本人と代理人の関係（委任契約上の権利義務——対内的関係——）と代理人と相手方の関係（対外的関係）を考えることができる。代理は後者に関する制度である。他人の事務を処理する制度は代理以外にも存在する。

(1) 間接代理

問屋（商法551条）のように，他人（本人）の計算で，自己の名で行為し，その効果がまず自己に帰属したうえで他人にこれを帰属させるものを間接代理という。経済的には，本人に代わって取引をする制度といってもよく，法律的には，行為の効果はいったんすべて行為者に帰属し，その後に改めて本人に移転することになるのだから，代理とは異なることになる。行為の効果を本人に移転するための意思表示は，必ずしもその効果が代理人に帰属した後にする必要はなく，当事者が予めその意思表示をした場合は，その効果が代理人に帰属すると同時に転じて本人に帰属することになる（大判大7・4・29民録24輯785頁）。

(2) 使　　者

代理では，代理人が多少の範囲の自由裁量を認められて自分の意思を決定し，意思表示をする。それに対して，使者は自由裁量の余地がなく，本人の決定した意思を伝えるにすぎない者である。これには，本人の完成した意思表示をそのまま伝達する場合（伝達機関としての使者）と本人の決定した意思を相手方に表示してその意思表示を完成させる場合（表示機関としての使者）がある。

(3) 代　　表

代理は本人Aとは別個の代理人Bが行った法律行為の効果が直接本人Aに帰属する。これに対して，代表は法人に含まれている代表機関の行為がそのまま本人である法人の行為と認められるのである。代表機関の行為のほかには本人の行為というものがなく，機関の行為そのものが法人の行為と認められるから，不法行為についても代表はありうることになる。すなわち，代理人の不法行為の効果は本人には帰属せず，代理人自身の問題となるのに対して，代表機関の不法行為は，機関個人のみならず法人自身にも責任を生じさせる（44条1項）のである。

Step up

　他人の計算において自己の名で行為をし，その効果はまずいったん自己に帰属し，その後あらためて本人に移転する債務を負うという法技術を間接代理という。自己の名で他人のために商品の売却あるいは購入をするのを業とする者が問屋である。問屋には代理権がない（最判昭31・10・12民集10巻10号1260頁）。これに対して，代理では代理人が本人のためにすることを示して相手方に意思表示をして，その法律効果をすべて本人に帰属させる制度である。間接代理は，実質的には代理と近似して，そのために経済代理ともいわれている。

Practice

下記の各問の正誤を答えなさい。

問1．代理人の行った不法行為について，本人は賠償責任を負わなければならない，これは代理の効果である。　　　　　　　　　　　　（　　　　　）

問2．代理制度の機能は制限能力者などの能力を補充する機能だけである。
　　　　　　　　　　　　　　　　　　　　　　　　　　（　　　　　）

問3．代理は委任契約が締結される際だけに授与されるのではなく，委任・請負・組合契約などを実現するためにも授与される。　　　　（　　　　　）

問4．民法上の代理と商法上の間接代理は同様の法律効果を生ずる。（　　　　　）

VII 代理

No. 33 　代理権（含復代理）

〈**CASE**〉 本人Aの宅地を相手方Cに売却するに際して，BがAとC双方の代理人となり売買契約を締結した。この場合，民法108条は「代理人ト為ルコトヲ得ス」と規定するが，違反行為が無効となるのか，あるいは無権代理行為となるのであろうか。

1 　代理権の意義

代理が有効に行われるためには，代理人が行為をする権限を有することが必要である。この権限を代理権という。代理では，①本人と代理人の関係（代理権），②代理人と相手方の関係（代理行為），③相手方と本人の関係（法律効果の帰属）という三面関係が成立する。ここでは本人と代理人の関係（代理権）をとりあげる。

2 　代理権の発生

(1) 　法定代理権の発生

法定代理権はいろいろな原因により発生する。①本人と一定の関係のある者が代理人になる場合（未成年の子に対する親権者），②本人以外の私人の協議や指定により一定の者が代理人になる場合（父母の協議による親権者），③裁判所によって選任された者が代理人になる場合（不在者の財産管理人）などのように，それぞれ代理権が生ずる。

(2) 　任意代理権の発生

(a) 　任意代理権は，本人と代理人の間の授権行為によって生ずる。民法は，この代理権を「委任ニ因ル代理」と規定する (104条・111条)。しかし，委任と授権行為との関係については問題がある。通説は，委任と代理を区別すべきであるとしている。民法の委任に関する規定は受任者と委任者との内部関係を定めるだけである。外部関係は，代理を伴う場合とそうでない場合とがあり，間接

代理人は本人に委任されながらも代理権を伴っていない。授権行為は，実際上，委任契約に随伴してなされる場合が多いが，雇用，請負，組合契約に随伴してなされる場合も少なからず存在する。したがって，授権行為とその基礎である請負契約等とは別のものである。そこで，「委任ニ因ル代理」だから委任代理なのではなく，授権による代理権は本人の任意の意思にもとづく代理権という意味で任意代理権というべきである。

　(b)　代理権が委任契約や請負契約等の契約関係にともなって生ずるとして，代理権授与行為は，本人と代理人との無名契約であるとする見解と本人の単独行為であるとする見解がある。単独行為説は，代理人の代理権行使の効果がすべて本人に帰属し代理人がなんら不利益を受けないこと，意思表示の瑕疵が代理権授与行為の効力に影響しないために取引の安全を図ることができることを理由として，契約関係とは別に単独行為としての授権行為を考える。しかし，通説は，本人と代理人の間で委任契約などが締結されるとともに，代理権の授与を目的とする契約も締結されるとする。そして，実際上，本人は代理人の承諾を得て代理権を発生させ，委任状には一方的に授権により代理権が与えられるような内容となっていても，その背後には契約関係があり，2つの契約関係を区別することは困難であることをも理由として無名契約説をとっているのである。

(3)　白紙委任状

　代理権の授与はとくに方式を必要とはしない。しかし取引実務では，代理権の授与は一般に委任状により行われる。委任状には，代理人，代理権限の内容，範囲などを記載し，本人の署名・捺印をするのが普通である。また，委任状には，代理人，委任事項などを記載しないで白地としておくものもある。これを白紙委任状という。白紙委任状も，後に白地部分を補充すれば委任状として有効となる。白紙委任状には，一方，正当に取得した者ならば誰が行使してもよいというように転々流通することが予定されているものがある。これにはゴルフ場経営会社に対する名義書換手続で用いる白紙委任状などがある。他方，代理人も宛先も多かれ少なかれ限定する趣旨で交付され，転々と流通することが予定されていない委任状もある。この場合は，一般の白紙委任状の例が多い。この白紙委任状に関して，白地補充権の濫用，つまり代理人の権限濫用の問題

が起こりやすいのである。

3 代理権の範囲と制限
(1) 代理権の範囲

　代理人がどこまでの範囲の代理権をもつかは，代理権発生の原因により決定される。法定代理権の場合には，法律上一定の者に代理権が認められ，代理権の範囲も法律上定められる。たとえば，不在者の財産管理人ならば民法28条以下，親権者については824条以下というように，法定代理人に関する規定によって決定される。そして，どうしても代理権の範囲が分からないときには103条を基準とするのである。

　任意代理権の範囲は，代理権の発生原因である授権行為によって定められる。しかし実際は，本人がどこまでの範囲の授権をしたのかが不明であることが多いので，授権行為とその基礎となった契約関係の解釈により決定される。判例に現れた具体例は，売買契約を締結するための代理権には，登記をする権限，売買不成立の際に交付してある内金や手付金の返還を受ける権限，相手方から取消の意思表示を受ける権限などは含まれるが，その売買契約を合意解除する権限は含まれない（大判大14・10・5民集4巻489頁）。

　代理権が授与されたことは明らかだが，その範囲が不明確である場合やとくにその範囲が定められなかった場合には，民法103条により，以下の行為のみを行う権限が与えられる。①家屋の修繕，消滅時効進行中の権利の時効中断や未登記不動産の保存登記などのような財産の現状を維持する行為（保存行為）(103条1号)，②現金を銀行預金にすること，物を賃貸借契約で貸すこと（有料）などのような財産の収益を図る行為(利用行為)，③無利息の貸金を利息付に改めることや家屋に電気・ガス・水道などの設備をすることなどのような物の価値を増加させる行為（改良行為）をすることができる。換言すると，代理人は財産の処分行為はできないが，管理行為はできるのである。しかし，利用行為・改良行為は，物または権利の性質を変えない範囲内で行わなければならない（同条2号）。

(2) 代理権の制限（共同代理）

　代理人が数人ある場合は，第1に，各代理人がそれぞれ独立の完全な代理権

をもつのであり，これを単独代理行為といい，第2に，各代理人が共同してのみ代理権を行使しうる場合であり，これが共同代理である。共同代理は共同代理人全員が共同してのみ代理行為をすることができ，一人で完全に代理しえないのであるから，代理権の制限の一態様である。この制限に反した代理行為の効果は本人に帰属しない。たとえば，共同親権が共同代理である（818条3項）。しかし，代理の共同行使の条件に反しても表見代理的な規定が設けられており，問題の法律行為を有効としている（825条）。

(3) 代理権の制限（自己契約・双方代理）

(a) 本人Aの代理人Bが自分の所有する不動産を本人Aのために購入したり，反対に，本人Aの所有する不動産を代理人Bが自分に売る契約を締結する場合のように，同一の法律行為について当事者の一方が相手方の代理人となることを自己契約という。また，本人Aの代理人Bが契約の相手方Cの代理人となって契約するという場合のように，ある法律行為に関して当事者双方の代理人となることを双方代理という。

(b) 自己契約，双方代理は，原則として禁止される（108条）。自己契約では，代理人は本人の利益のために行動する義務（忠実義務）を果たせなくなる危険があるからである。売買契約の一方当事者Bが所有する土地を本人Aの代理人としてBが買えば，一方当事者としてのBはできるだけ高く売りたいのに対し，Aの代理人Bはできるだけ安く買うべきであり，鋭く利害が対立する。また，双方代理でも同様に代理人の忠実義務が果たせなくなる危険性があるために禁止されるのである。しかし，そのようなおそれのない場合には，禁止する必要はなく，除外してよい。民法は，債務の履行については自己契約・双方代理を許した（108条但書）。弁済期の到来した債務の履行などは，本人の利益を害することがないからである。しかし，弁済期未到来の債務，時効にかかった債務の履行などは例外とはならない。民法108条の趣旨が，本人の利益保護にあるから，本人の利益が害されない場合には拡張適用されてよい。判例は株式の名義書換（大判明38・9・30民録11輯1262頁）と移転登記申請（最判昭43・3・8民集22巻3号540頁）に双方代理を許している。

(c) 民法108条の制限に反する代理行為は，無権代理行為である。しかし，本人が事前に同意したり，事後に追認すれば，本人に対して効果が帰属する。

自己契約，双方代理は，本人の利益のために禁止される行為であるから，無権代理とみて，本人の追認を許すのが妥当である。したがって，その意味では108条は強行規定ではない。

本条の制限は，任意代理と法定代理を問わずに適用される。しかし，法人と理事の間，本人と親権者などの間の利益相反行為については，理事や親権者の代理権を制限する規定がある（特別代理人の選任，57条・826条）。108条の特則である。

(4) 代理権の濫用

代理人が本人の利益のためではなく，自分や他人の利益をはかるために代理行為をすることを代理権の濫用という。たとえば，相手方Cから金銭をだましとるために代理人Bが本人Aの代理人として相手方Cと消費貸借契約を締結した場合であっても，代理行為は有効に成立し，その効果は本人Aに帰属する。このように代理行為として有効と理論構成するのは以下の理由による。すなわち，このような権限濫用行為は，代理権の範囲外の行為であり，無権代理となる。しかし，無権代理として扱うと，相手方は表見代理が成立するときでないと保護されず，相手方からすれば代理人の権限濫用の意図はわかりにくく，表見代理の成立を証明することが難しい。そこで，通説・判例は，代理権の濫用であっても代理権の範囲内の行為であり，原則として有効である。しかし，相手方が，代理人にそのような背任的な意図があることを知り，または，注意すれば知ることができたであろうと考えられる場合には，民法93条但書の趣旨を類推して，本人はその行為について責任を負わないと解しているのである（最判昭42・4・20民集21巻3号697頁）。

4 復代理

(1) 復代理人とは，代理人が自分の名で選任して，自分の権限内の行為を行わせる本人の代理人である。代理人が復代理人を選任すると，復代理人は代理人と同じ立場に立ち（107条2項），本人の代理人が増えることになる。しかも復代理人は，単独代理人として，本来の代理人から拘束されずに本人を代理する。

(2) 復代理人を選任する権限を復任権という。代理人は自由に復代理人を選任することができるのだろうか。復任権の有無は任意代理と法定代理とで異な

る。

　(a)　任意代理の場合には，本人は代理人を特に信頼して代理権を授与しているのだから，無断で復代理人を選任することは本人との信頼関係を害することになる。そこで民法104条は，本人の許諾を得た場合，または，やむを得ない事由がある場合（本人の所在不明など）でなければ復代理人を選任することができないとした（104条）。

　(b)　法定代理の場合は，法律の規定により代理権が生ずるから，代理人と本人との間の個人的信頼関係はそれほど問題にならない。さらに，法定代理人は親権者などのように，広範な権限をもつために復代理人を選任する必要性が大きい。そこで民法106条本文は，法定代理人はいつでも自由に復代理人を選任することができるとして，復任権を容易に認め，法定代理人の責任を重くした。

　(3)　復代理人をおいた場合の代理人の責任は，復代理人の選任と密接に関連し，任意代理人と法定代理人の場合とで異なる。

　(a)　任意代理人は，第1に復代理人を選任・監督するについて過失があった場合（105条1項），第2に本人の指名に従って選任した者が復代理人として不適任・不誠実であることを知っていながら，そのことを本人に通知せず，またその者を解任しない場合（105条2項）に限って本人に対して，損害賠償責任を負うのである。

　(b)　法定代理人の責任は，任意代理人に比べ，はるかに重い。すなわち，法定代理人は，選任した復代理人の過失ある行為については，常に本人に対して全責任を負わなければならない（106条本文）。ただし，病気などのようなやむを得ない事由で復代理人を選任した場合は，法定代理人の責任は軽減され，復代理人の選任・監督についてだけ本人に対して責任を負う（同条但書）。

　(4)　復代理人と代理人の関係は，委任者と受任者の関係にあり，直接の契約関係がある。

　(a)　復代理人は，対外的にはその権限内の行為について本人を代理する権限をもつ（107条1項）。また復代理人は第三者に対しても，代理人と同様の関係に立つものとされる（同条2項）。したがって，復代理人の代理行為の効果は直接本人に帰属する。

　(b)　復代理人は，本人により選任されたのではないので，本人との間に直接

的な契約関係はないが，民法は復代理人と本人との便宜のために，両者間も本人と代理人間と同一の権利義務の関係に立つと規定し (107条2項)，復代理人の代理行為の効果は直接本人に帰属する。しかし，これは復代理人がその事務処理をするのに必要な範囲で同一の権利義務の関係に立たせる趣旨であって，それ以上のものではない。したがって，復代理人は本人に対し復代理人が受任者として受け取った金銭その他の物の返還義務を負うことになる。

5 代理権の消滅

代理権の消滅原因には，任意代理と法定代理に共通のものと，それぞれに特有のものがある。

(1) 両者に共通の消滅原因は，本人の死亡と代理人の死亡，後見開始の審判または破産である (111条1項)。

(2) 任意代理に特有な消滅原因は，次のとおりである。

① 授権行為の基礎となっている委任などの契約関係 (対内的関係) が消滅すると代理権も消滅する (111条2項)。解約告知 (651条) による契約関係の消滅が考えられる (単独行為説によれば撤回)。

② 民法111条は本人の破産を掲げていないが，委任契約は本人の破産によって終了するとされている (653条)。したがって，任意代理においては，本人の破産によって代理権が消滅するのである。

(3) 復代理権の消滅原因は，次のとおりである。

① 代理人と復代理人の間の対内的関係 (委任契約など) の消滅

② 代理人の有する代理権の消滅

③ 代理権の共通の消滅原因により消滅する。

Step up

双方代理の禁止に違反した行為が無効なのか無権代理行為となるのかに関して，ドイツ民法制定の際に争われたが，現在，判例は108条違反行為を無権代理行為とし，追認を認めるに至っている (大判大4・4・7民録21輯451頁)。代理人は本人の利益のために行動する義務 (忠実義務) を負っており，双方代理を認めると，本人の利益を害する危険性がある。本人が同意する場合や本人の利

益を害しない場合には無権代理行為とみて，追認を許すのが妥当である。

Practice

下記の各問の正誤を答えなさい。

問1． 通説によれば，代理権授与行為は単独行為である。　　　（　　　）

問2． 代理権の範囲が不明であるときは，未登記不動産の保存登記を行うこともでき，さらに無利息の債権を利息付債権に改めることもできる。（　　　）

問3． 自己契約は，代理人の忠実義務に反しないが，双方代理はこの義務に反するためにできない。　　　（　　　）

問4． 復代理人は代理人の代理人である。　　　（　　　）

Ⅶ 代　理

No. 34 　代 理 行 為

〈CASE〉　本人Aの代理人Bが法律行為を行うに際して，相手方Cにわかるように，本人のために行うのだ，ということを顕名しなかった。この場合，代理人の行為は本人に効力を及ぼすか。

1　顕名主義

(1)　代理では，法律行為を行う代理人Bと効果の帰属を受ける本人Aとが別人なので，相手方Cからすると，代理人Bが自分自身のために行っているのか本人Aのために行っているのかわからなければ困ることになる。そこで民法は，代理人は「本人ノ為メニスルコトヲ示シテ」行うことを，能動代理と受動代理の双方に要求しいる（99条）。これを顕名主義という。ただし，受動代理では，本人のためにすることを示すのは，代理人ではなく，相手方である（99条2項）。なお，商法上は，商行為の特殊性から顕名主義はとられていない（商法504条）。

(2)　「本人ノ為メニスル」とは，主観的に本人の利益を図る意思が要求されるのか（主観説），それとも，客観的に本人の利益を図るように見えるならば「本人ノ為メニスル」の要件をみたす（客観説）のかである。通説・判例は客観説をとる。したがって，代理人が本人の利益のためでなく，自分の利益を図るために代理行為をしても，その行為は，代理行為として有効に成立する（大判大6・7・21民録23輯1168頁）。ただし代理人が自分の利益を図る意図を有することを相手方が知りもしくは知りうべかりし場合には，民法93条但書の類推適用により無効とすべきである（最判昭42・4・20民集21巻3号697頁）。

(3)　代理人が本人のためにすることを示すには，通常，本人A，代理人Bというように表示する。法人の場合にもX法人，代表者Zと表示する。本来，代理人であることの表示が必要だが，それは明示ではなく黙示でもよい。すなわち，当該の諸事情から代理であることがわかれば代理の表示があったといえる。民法100条但書は，代理人が顕名しなかったが相手方が，「本人ノ為メニスルコ

トヲ知リ又ハ之ヲ知ルコトヲ得ヘカリシトキハ」99条1項を準用するとしているが当然である。

わが国では代理に際し印鑑が用いられることが多いので，代理人は本人の印鑑を使用し代理人の名を書面に示さないことが多い。代理人Bが自分の名を示さずに，本人Aの名だけを示した法律行為は，相手方Cからすると契約の当事者は本人Aであることになる。しかし，相手方が目の前にいる行為者を本人Aと考えて契約を締結したのに，実際は契約の当事者のAは別人であることがわかり，契約をしたくないと考えるような場合に相手方の期待を害することになる。したがって，他人の名だけを示す意思表示は，周囲の状況から考えて，行為者と本人が別人であることがわかるような場合，あるいは相手方を害することがない場合にのみ顕名の要件をみたすと考えるべきであろう。たとえば，親権者が未成年の子の名義での取引（大判大9・6・5民録26輯812頁），権限ある代理人が会社の名をいきなり書面に記して行う取引などである。

(4) 代理人が本人の名を示さずに，周囲の状況からみても代理関係が認められない場合には，代理人が自己のためにこれをしたものとみなされる（100条本文）。これは，代理人は本人のためにする意思を有するが，顕名しなかったゆえに自らのための法律行為とみなされ，意思と表示の間に食い違いがあり錯誤の問題を生ずるはずである。しかし，民法100条本文は，相手方保護のために錯誤による無効の主張を許さないとしたのである。

民法上の原則に対しては，商法上重要な例外がある。商行為の代理人は，本人のためにすることを示さないときでも，その行為は本人に対して効力を生ずる（商法504条本文）とされる。非個性的な取引という商行為の特殊性から認められた例外である。

2 代理行為の瑕疵

(1) 意思表示の効力が，意思の欠缺（無効），詐欺・強迫（取消）またはある事情を知ったこと，もしくはこれを知らないことに過失があったことにより影響を受けるべき場合（とくに瑕疵担保責任など）には，その事実の有無は，代理人につきこれを定める（101条1項）。これは法人にも適用される。

代理人が詐欺・強迫を行った場合には，民法101条1項は瑕疵の有無を代理

人を基準として決するという趣旨であり，したがって瑕疵ありとされる以上，本人が詐欺・強迫をしたのと同様に扱われ，相手方からの取消だけが許されるのである。

(2) 家屋の売買契約において，代理人が本人の指図に従って本人の指定する家屋を購入した場合に，本人は，目的家屋の瑕疵を自分で知っていたり，または過失で知らなかった場合には，たとい代理人が瑕疵について善意無過失であっても，そのことを主張することができない（101条2項）のである。

3　代理人の能力

(1) 代理人は法律行為を行うのであるから意思能力を必要とするが，行為能力者であることを要しない(102条)。代理の効果はすべて本人に帰属し，代理人になんら不利益を及ぼすものではなく，本人も制限行為能力者であることを承知して代理権を授与した以上，本人は，代理人の制限行為能力を理由として代理行為を取り消すことは許されない。

(2) 制限行為能力者が代理人になることができるということと，その制限行為能力者が対内的関係としての委任契約などの契約を単独で完全になしうるのかどうかということとは別問題である。未成年者が対内的関係としての委任契約を締結するには，法定代理人の同意を必要とし（4条1項），同意なくしてなされた委任契約は取り消すことができ（同条2項），委任契約が取り消されると，特約のないかぎり授権行為も効力を失うのである。その結果，代理権が当初から存在しなかったことになると，すでになされた代理行為は無権代理行為となり，相手方は不測の損害を被ることになる。そこで，学説は，委任契約の取消は，すでになされた代理行為の効力には影響を及ぼさない，すなわち代理権の消滅は遡及せず，将来に向かってだけ消滅するものとした。

法定代理人については，制限能力が欠格事由となっている場合が多い（833条・847条・867条）。通説は，本条をこのような特別規定がないかぎり，法定代理にも適用されるとしている。

4　代理の効果

代理行為の効果はすべて本人に帰属する。本人に帰属する効果は法律行為的

効果だけに限らず，法律行為の当事者としての地位も本人に帰属する。代理人が詐欺されたときの取消権などを本人が取得し，代理人が取消権を主張できるかは代理権の範囲によって定まるのである。

Step up

代理人が本人の名を示さずに代理行為を行った場合には，相手方からみれば，代理人が自己のために行ったものと表示されており，代理人自身の意思は本人のために行ったのである。意思と表示とに食い違いがあり，錯誤の問題を生じ無効となるはずである。しかし，民法100条本文は，相手方保護のために，代理人が自己のためにこれを行ったものとした。

Practice

下記の各問の正誤を答えなさい。

問1．能動代理・受動代理の双方とも，本人のためにすることを示すのは代理人である。　　　　　　　　　　　　　　　　　　　　（　　　）

問2．代理人が本人のためにすることを示さずに行った法律行為は，錯誤になり無効となる。　　　　　　　　　　　　　　　　　　（　　　）

問3．家屋の売買契約において，代理人が本人の指図に従って本人の指図する家屋を購入した場合，本人が目的家屋に瑕疵があることを知っているときは，代理人が瑕疵について善意・無過失であっても，そのことを主張できない。
　　　　　　　　　　　　　　　　　　　　　　　　　　（　　　）

問4．代理人が制限能力者である場合，そのことを理由として委任契約を取り消しても，すでに行われた代理行為には影響を及ぼさない。　（　　　）

Ⅶ 代理

No.35 無権代理

〈CASE〉 本人Aの所有する宅地を無権代理人Bが相手方Cに売却した。後日，本人Aを無権代理人Bが相続した場合に，Bは無権代理行為であることを主張できるか。

1 無権代理の意義

(1) 代理人として代理行為をした者に代理権がない場合を無権代理という。無権代理行為の法律効果は本人に帰属しないのみならず，代理人にも帰属しない。本人に効果が帰属しないのは代理権がないからである。代理人に効果が帰属しないのは，代理人が本人に効果を帰属させようとして行ったためであり，代理人自身に効果を帰属させる意思を有していなかったためでもある。そして，代理人に対しても効果を生ぜず無効となるべき性質のものである。しかし，これでは代理権がないことを知らないで取引をした相手方の保護としては不十分である。

(2) そこで，民法は無権代理を2種に分け，第1に，本人と無権代理との間に特殊の関係がある場合には，無権代理行為について，代理権があると同様に本人に責任を負わせることとし，これを表見代理という。第2に，代理人と本人との間に特殊な関係がなく，表見代理が成立せず，最終的に本人への責任を問いえないものである。これを狭義の無権代理という。この場合，本人の追認によって代理の効果を生じさせることができるが，追認がない場合にはじめて無効となり，無権代理人に特別の責任を負わせることとしている。

通説・判例は表見代理を無権代理の一種とし，広義の無権代理の特別な場合が表見代理であり，表見代理の場合には，表見代理の規定と狭義の無権代理の規定とが競合的に適用されるので，相手方はどちらを選択してもよい，とする（最判昭33・6・17民集12巻10号153頁）。

2 契約の無権代理

(1) 無権代理人によって締結された契約は，その効力が当然には本人には帰属しない。すなわち，有効とも無効とも確定しない浮動的状態におかれる。この誰にも効果の帰属しない状態をどちらかに確定することができるのは本人と相手方で，そのための権利として，本人は追認権と追認拒絶権，相手方は催告権と取消権を有する。

(2) 本人は，無権代理人が行った契約を有効なものとして確定させる権利を有する (113条1項)。これが追認権である。代理行為が成立していて本人の意思が欠けているために，無効と扱われるので，本人の意思の補充としての追認により，行為は最初から有効とみられることになる。

追認権は本人に帰属する。また，相手方または無権代理人に対して追認することを要する。無権代理人に対して行った場合には，相手方がその事実を知るまでは，相手方に対して追認したことを主張できない (113条2項)。追認は，通常の意思表示と同じく，明示・黙示の意思表示でなされる。そこで，無権代理人が締結した契約の履行を本人が相手方に対して請求した場合には，追認があったとみられることになる。

(3) 追認があると，代理行為の当時に遡って，代理行為の効果が本人に帰属する (116条)。これを追認の遡及効という。これが原則であって，2つの例外がある。第1は，「別段の意思表示」によって遡及効が制限される場合である (116条本文)。第2は，追認によって第三者の権利を害することはできない (同条但書)，ことである。これは，無権代理行為がなされた後，追認されるまでの間に，本人と第三者間でなされた行為の効果が，追認の遡及効によって否定されることを防ぐ趣旨である。それでは，民法116条但書はどのような場合に適用されるのであろうか。物権や債権の二重譲渡の事例では対抗要件の有無により決せられるから，このような対抗要件に関しない場合に適用される。たとえば，債権者Aの無権代理人Bが債務者Cから弁済を受けた後に，Aの債権者DがAのCに対する債権を差し押さえた場合は，差押後にAがBの無権代理行為（弁済受領行為）を追認しても，これによりの差押の効力を害することはできない。換言すればDに対しては弁済が有効とはならない (大判昭5・3・4民集9巻299頁)。

(4) 本人は追認を拒絶することもできる。追認を拒絶すれば，無権代理人がした契約は，無効なものとして確定する。追認拒絶は，無権代理行為の相手方に対してなされるが，無権代理人に対してなされてもよい。この場合には，相手方がこれを知ったときに，相手方に対抗することができる（113条2項）。

(5) 相手方は，本人に対して，相当の期間を定めて，無権代理人と締結した契約を追認するのかどうかを確答するように催告することができる（114条前段）。本人がこの期間内に確答しない場合は，追認を拒絶したものとみなし（同条後段），無効が確定する。またその期間内に確答すれば，確答の内容に従って，無権代理行為の有効・無効が確定する。催告権は悪意の相手方も有する。

(6) 相手方は，悪意の場合を除き，本人の追認前に，一方的意思表示により無権代理契約の効果を無効なものとして確定することができる（115条）。これが取消である。この取消は，意思表示の撤回に近く，取消の結果，無権代理行為の効果は誰にも帰属せず，無権代理人の責任を追及することもできなくなる。

3 単独行為の無権代理

単独行為の無権代理は，2つの場合が区別され，一方は，相手方のない単独行為の無権代理（財団法人の設立における寄附行為など）は常に無効であり，他方，相手方のある単独行為の無権代理（契約の解除権）は原則として無効である。民法118条は，相手方のある単独行為の無権代理を規定する。たとえば，本人の無権代理人が相手方に対して解除の意思表示をしても無権代理行為として無効である。後に本人が追認することで遡及的に解除の意思表示が有効になるのは，相手方の期待に反することもあり適当ではない。このように，単独行為の無権代理は絶対的に無効であるのが原則である。しかし，相手方がこれに同意したりあるいは同意と同視できるような事情がある場合には，契約による無権代理と同様に追認によって遡及的に有効となることを認めてもよいのである（118条前段）。

以上は能働代理についてのことであるが，受働代理についても同様に考える。たとえば，相手方Cの単独行為を無権代理人Bが受領する場合，相手方Cの一方的な意思表示（たとえば時効中断のための催告）を受領させられ，本人Aに効果が及ばなかったために時効中断が生じず相手方Cの債権が時効消滅してし

まったという不利益を受けたとして，Bが無権代理人の責任を追及されるのも酷である。無権代理人Bが同意して相手方の意思表示を受領した場合にだけ117条が準用されるのである。

4　無権代理人の責任

　他人の代理人として契約をした者がその代理権を証明することができず，かつ本人の追認を得なかったときは，相手方の選択に従い，これに対して履行または損害賠償の責めに任ずる（117条1項）。無権代理人が「代理権ヲ証明スルコト能ハス且本人ノ追認ヲ得サリシ」場合には当然に無権代理人の責任が生ずる無過失責任である。

　履行の責任を選択すると，本人との間で成立するはずであった一切の法律関係が無権代理人と相手方との間で発生する。また損害賠償責任を選択すれば，単に代理権があることを信じたことによって被った損害（信頼利益）ではなく，有効な契約の履行があったのと同じ利益（履行利益）を賠償しなければならない。学説は，この両者の選択の性質を選択債権としている。

　なお，相手方が代理権のないことを知ったとき，もしくは過失によって知らなかったとき，無権代理人が制限能力者であるときは，これを適用しない（117条2項）。

5　無権代理人の地位と本人の地位の同一人への帰属

　(1)　相続などによって無権代理人の地位と本人の地位とが同一人に帰属する場合には，追認があったと同様に考えて無権代理行為は当然有効となるのかが問題となる。これに関する従来の判例は，次の3類型がある。①無権代理人が本人を相続した場合（無権代理人相続型），②本人が無権代理人を相続した場合（本人相続型），③第三者が本人と無権代理人の地位を相続した場合である。

　(2)　判例は，無権代理人が本人の地位を相続した場合には，無権代理人は無権代理行為であることを主張することはできず，信義則上追認を拒絶することがはできず，無権代理行為が当然有効となる，とする（最判昭40・6・18民集19巻4号986頁）。これは，無権代理人の単独相続の場合はこれでよいが，無権代理人が他の相続人と共同で相続した場合には，共同相続人全員が共同で追認しな

い限り，無権代理行為は当然有効とはならない，とする (最判平5・1・21民集47巻1号265頁)。したがって，共同相続人の1人でも追認に反対している場合には，無権代理行為は一切有効にならない。相手方は，無権代理人の117条の責任を追及するしかないのである。

(3) 判例は，本人が無権代理人の地位を相続した場合には，無権代理行為は当然に有効となるものではなく，本人の地位にもとづいて追認を拒絶しても信義則に反しない，とする (最判昭37・4・20民集16巻4号955頁)。しかし，無権代理人が117条により相手方に対して債務を負担していたときは，無権代理人を相続した本人は，無権代理行為について追認を拒絶できる地位にあることを理由に，その債務を免れることはできない，としている (最判昭48・7・3民集27巻7号751頁)。

(4) 第三者が本人と無権代理人の地位の双方を相続した場合には，二通り考えられる。一方は，第三者が本人を相続した後，さらに無権代理人を相続する場合で，他方は，第三者が無権代理人を相続した後，本人の地位をも相続する場合である。判例は，第三者が無権代理人を相続した後，本人の地位をも相続する場合では，第三者は本人の資格で無権代理行為の追認を拒絶する余地はなく，本人が自ら法律行為をしたと同様の法律上の地位ないし効果を生ずる，とする (最判昭63・3・1判時1312号92頁)。学説には反対するものが多い。

Step up

相続により無権代理人の地位と本人の地位が同一人に帰属した場合，地位の混同により，無権代理行為が当然に有効になるのか，すなわち，追認の拒絶が許されるのかどうかに関する問題である。これには3つの類型が考えられる。①無権代理人が本人を相続した場合には，無権代理人としての責任を負わなければならない者が，たまたま相続により本人の地位を取得したからといってその責任を免れるものではない (最判昭40・6・18民集19巻4号986頁)。②本人が無権代理人を相続した場合には，追認することも，拒絶することもできる本人が，偶然に無権代理人の地位を相続したからといって，本人の権限を否定すべきではない (最判昭37・4・20民集16巻4号955頁)。③本人と共に無権代理人を相続したものがその後さらに本人を相続した場合には，本人の資格で無権代理行為の追

認を拒絶する余地はなく，本人みずから法律行為をしたと同様の地位ないし効果を生ずる（最判昭63・3・1判時1312号92頁）。

Practice

下記の各問の正誤を答えなさい。

問1． 本人が無権代理行為を追認したときは，代理行為の時に遡って効果が本人に帰属する。　　　　　　　　　　　　　　　　　　　（　　　　）

問2． 追認の遡及効の例外の1つの「第三者の権利を害することができない」とは，物権の二重譲渡事例のことである。　　　　　　　（　　　　）

問3． 相手方が善意の時だけ催告権を有する。　　　（　　　　）

問4． 無権代理人の責任は，相手方に対する損害賠償だけである。（　　　　）

No. 36　表見代理

<CASE> 本人AがBに購入した宅地の所有権移転登記を依頼したが，代理人Bはその代理権の範囲を越えて本人Aの宅地を相手方Cに売却してしまった。相手方Cを善意無過失とする。この場合，Aはどのような責任を負うのだろうか。

1　表見代理の意義

　表見代理は，本来は無権代理行為であのに，代理権の存在を推測させるような特殊の関係が無権代理人と本人との間にあり，無権代理人を真実の代理人であると誤信して取引をした相手方を保護し取引の安全をはかるために，その無権代理行為を有効な代理行為として扱い，その効果を本人に帰属させる制度である。

　表見代理は，取引の安全のために，本人を犠牲にして相手方を保護する制度であるから，一面では，本人に責任を負わされてもやむを得ないような事情（本人の帰責性）を必要とし，他面，相手方にはその利益が保護されてしかるべしと思われる合理的理由（善意無過失での代理権存在の信頼）を必要とする。

　また表見代理は，無権代理人と本人の間の特殊な関係のいかんによって，代理権授与表示による表見代理（109条），権限踰越による表見代理（110条），代理権消滅後の表見代理（112条）の三種に分けられる。

2　代理権授与表示による表見代理（109条）

　(1)　本人AがBを代理人に選任した旨の新聞広告を出し，あるいはBに委任状を渡した。その時に，実際代理権が与えられていればよかったのだが，実は代理権を授与していなかったりした場合が問題である。Bが相手方Cと取引をしたときは，Cの方で広告や持参した委任状からBに代理権があると思う場合も多い。このように代理権があるような外観を信憑したCを保護する表見代理

である。しかし，実際にはこのような事例はまれで，判例に現れるのは名板貸の事例と白紙委任状の流用事例である。

(a) ある官庁が，ある者Bにその官庁の一部局とみられるような名称（たとえば，東京地方裁判所厚生部という名称）の使用を黙認し（単に黙認していた程度では代理権を与えたとはいいにくいが），庁舎の一部で第三者と取引をすることを許可していた。そのため，官庁は，Bを官庁の代理人とするような外観を作出したというべきであり，この外形を信頼した取引の相手方に対しては民法109条の類推適用により責任を負うべきである（最判昭35・10・21民集14巻12号2661頁）。このような場合，商法23条は名義貸与者と名義使用者との連帯責任を認めている。

(b) 委任状には，通常，代理人の氏名，代理権の内容，委任状の名あて人が記載されている。このうちの一部または全部を記載しない委任状を白紙委任状という。白紙委任状といっても，それを作成した本人とこれを受領した代理人との間では，代理権を行使すべき者の範囲，代理権の範囲などについての合意があるのが普通である。委任状受領者がその合意に従っていれば問題はないのであるが，そうしなかったときに問題が起こる。第1は，白紙委任状の受領者Bが委任の趣旨を逸脱して，白紙委任状を補充する場合である。本人Aが自分の宅地を売却してもらうために，Bに登記済証と印鑑証明書などの必要な書類と白紙委任状を交付しておいたところ，Bは自分自身の債務の担保のために，その宅地に抵当権を設定したような場合である。通説・判例は白紙委任状の交付は，白紙部分についてどのように補充してもよいという権限を与えているような外観があるように見えるために，民法109条により本人に責任が帰属する，とする（福岡高判昭37・2・27判時302号20頁）。第2は，白紙委任状の転得者が流用した場合である。これには二通りあり，一方は，本来白紙委任状の利用が予定されていない転得者が相手方との取引で委任状を使用し，委任事項の内容については本人が直接受領者に与えた権限の範囲を超えていない場合である。これは，本人が転得者になんら代理権を与えていないので，いくら白紙委任状を使用した取引であっても無権代理であるが，白紙委任状によりあたかも転得者に代理権を授与したような外観が作出されたので，相手方の善意無過失を条件として109条を適用して表見代理を認めるのである（最判昭42・11・10民集21巻9号

2417頁)。他方は、転得者が委任事項について当初の範囲を超える濫用をした場合である。白紙委任状を予定外の者が利用しただけではなく、委任事項についても越権があるから、民法109条と110条の重畳的な適用により表見代理を認めるべきである（最判昭45・7・28民集24巻7号1203頁）。

(2) 表示の相手方は、特定人でも不特定人でもよく、表示の方法は、口頭でも書面でもよく、広告でもよい。明示であると黙示であるとを問わない。代理権授与の表示の性質を観念の通知とするのが多数説である。したがって、行為能力と意思表示の規定が類推適用される。さらに、本条は任意代理にのみ適用され、法定代理には適用がない。また、代理権授与表示の撤回は、撤回の事実を相手方に示さないかぎり、109条の責任を免れることはできないと解すべきである。

(3) 民法112条は明文で相手方（第三者）の善意・無過失を要求し、110条は正当な理由を要求しているのに対して、109条は、相手方の主観的態様にふれていない。しかし、通説・判例は、本条は取引の安全のために、本人の犠牲において相手方を保護する制度だから、相手方の善意・無過失を要求するとしている（最判昭35・10・21民集14巻12号2661頁）。なお、109条は、本人に原則的に責任を負わせる趣旨であるから、本人が責任を免れるためには、本人が相手方の悪意・過失を立証する必要がある。

3 権限踰越の表見代理 (110条)

(1) 本人Aが、自分の所有する宅地に抵当権を設定して相手方Cからお金を借りてきてくれと、代理人Bに頼んだところ、Bがその土地をCに売却してしまった。このように、何らかの代理権（基本代理権）が存在しているが、代理人がその範囲を越えた無権代理行為を行い、これを相手方が代理権の範囲内の行為と信頼したことを保護するのが、民法110条の権限踰越の表見代理である。民法110条適用の要件は、第1に、基本代理権の存在、第2に、第三者の信ずべき正当な理由の存在が必要である。

(2) 民法110条の適用にあたっては、代理人が何らかの範囲の代理権を持つことが必要である。法文は、代理権の存在を前提としており、この代理権を基本代理権という。基本代理権の有無は、任意代理においては、本人の授権行為

の解釈によって決すべきである。問題は，基本代理権が代理権でなければならないのかである。すなわち，基本代理権限を緩やかに解し，代理権類似の権限であっても差し支えないとするのが多数説である。

(a) 判例は，基本代理権は法律行為の代理権でなければならず，単なる事実行為の委託は基本代理権とはならない，とする(最判昭34・7・24民集13巻8号1176頁)。しかし，学説は，印鑑の交付のような法律行為に近接する事実行為に関しては，代理権を肯定してよい，とする。

(b) 判例は，基本代理権は私法上の行為についての代理権でなければならないとしている。そして，印鑑証明書下付申請行為は公法上の行為であり，その権限は110条の基本代理権にあたらないとしている(最判昭39・4・2民集18巻4号497頁)。しかし，登記申請を委任された者がその権限を越えて第三者と取引をした場合に関して，登記申請についての権限を110条の基本権限にあたるとしたものがある(最判昭46・6・3民集25巻4号455頁)。

(3) 相手方が代理人に権限があると信ずべき「正当な理由」があるときに，110条が適用される。信ずべき正当な理由とは，客観的にみて代理権があると信ずるのがもっともだと思われる事情があることを意味する。それはほぼ善意・無過失を意味する。基本代理権の判断基準が緩和されると，善意・無過失の判断に際して，本人の帰責性なども考慮されるようになる。たとえば，本人が実印・印鑑証明書・権利証・委任状・契約書などを預けている代理人が，権限外の行為をしたような場合には，正当な理由があるとみられることが多いであろう。この正当な理由は，代理行為がなされたときに存在しなければならない。また「正当な理由」の証明責任は相手方にある。すなわち，110条の表見代理の成立を主張する相手方が「正当な理由」を基礎づける事実を主張・立証しなければならない。たとえば，代理人と称する者が本人の白紙委任状，印鑑証明書，登記済権利証などを持っていたことを証明すれば，通常は，その代理人が不動産の処分に関しての代理権を有することを信じたことに関して正当な理由がある。さらに，通説は，正当な理由があると認められることに関して，本人の過失は必要ではないとしている。

(4) 代理人として表示された者が，表示された範囲内で代理行為をすることを要するが，範囲を越えて代理行為をした場合には，109条と110条の重複適用

がある。また，代理権消滅後にその代理権の範囲を越えて代理行為をした場合にも，110条と112条の重複適用がある。さらに，110条は任意代理だけでなく法定代理にも適用がある。

(5) 法定代理に110条を適用することができるのであろうか。換言すれば，法定代理権は基本代理権となりうるのかという問題である。本人の帰責性と相手方の信頼保護の必要性から考えられなければならない。法定代理では，誰がどのような代理権を有するかが法定されており，そこには本人の関与はないから，本人の帰責性の観点から表見代理を考えることは難しい。また，代理権の範囲が法定されているときには，無権代理行為を権限内の行為であると相手方が信じたとしても，その信頼は保護に値しないものとも考えられる。大審院判例は，未成年者の親権者（母）が親族会の同意を得ずに未成年者の財産を処分した事案で110条の表見代理の成立を肯定している。さらに，761条の日常家事行為に110条を適用しうるかについて，110条を類推適用した判例がある（最判昭44・12・18民集23巻12号2476頁）。

4　代理権消滅後の表見代理 (112条)

本人に雇用されていた被用者が，後に解雇され，なお代理権を有すると称して契約を締結するような場合である。代理権を有しない者が，過去に有していた代理権にもとづき代理行為をした場合に，本人はその相手方に対し代理権の消滅を主張することができないのである。

被用者を解雇したのに取引先にその通知をしなかったときに，代理権が存在するかのような外観を撤回しなかったのだから，本人に帰責性が認められる。さらに，代理権消滅後の表見代理は，取引の相手方の代理権の存在についての信頼を保護するための制度であるから，相手方に善意・無過失が要求され，その証明責任は本人が負う。代理権が消滅しても，その外観が残っている以上，相手方が代理権の存在を信頼するのは当然だからである。112条は，任意代理だけではなく法定代理にも適用される。

5　表見代理の効果

民法は，三種の表見代理について，「其ノ責ニ任ス」(109条)，「前条ノ規定ヲ

準用ス」(110条),「対抗スルコトヲ得ス」(112条) と定めるが, これらの意味は同一であって, 本人は, 表見代理人の代理行為の効果が及ぶことを拒否できない, ということである。したがって, 本人は相手方に対して, 債務の履行を義務づけられ, 同時に, 債権を取得することになる。ただし, 本人と表見代理人との間には, 表見代理が成立しても, 委任契約などの対内的関係が創設されるわけではなく, 本人が表見代理人の行為により損害を与えられたときには, 不法行為による損害賠償 (709条) や不当利得返還 (703条など) を請求することができるのである。

Step up

民法110条の表見代理が成立するためには基本代理権を要する。そして, 基本代理権の範囲を越えて代理行為をする場合であると, 権限外の行為が基本代理権限と別種のものであるとを問わない。さらに, 基本代理権は代理権限であることを要せず, 代理権類似の権限であっても差し支えない。学説は, 110条が代理制度の信用維持をはかることにあり, また, 権利外観保護法理の一環をなすものであることから考えて, 基本代理権を緩やかに解すべきである, とする。判例は, 印鑑証明書下付申請行為は公法上の行為だから, その権限は基本権限に当たらない (最判昭39・4・2民集18巻4号497頁) とし, さらに, 登記申請を委任された者がその権限を越えて第三者と取引行為をした場合について, 登記申請についての権限を基本権限に当たるとし (最判昭46・6・3民集25巻4号455頁), 見解が分かれている。

Practice

下記の各問の正誤を答えなさい。

問1．表見代理責任が生ずるためには, 相手方の善意・無過失を必要とする。
　　　　　　　　　　　　　　　　　　　　　　　　　　（　　　）
問2．表見代理は無権代理の一種だから, 相手方は狭義の無権代理に関する規定の適用を選択できる。　　　　　　　　　　　　（　　　）
問3．民法110条の表見代理成立のためには, 私法上の行為に関する基本代理権を要するというのが判例である。　　　　　　（　　　）
問4．民法109条は法定代理にも任意代理にも適用される。　（　　　）

VIII 無効・取消

No. 37　無　　効

〈CASE〉　Aは，B所有の土地を勝手に自分の名義に変更し，Cに売却した。Bはこの処分を追認したが，この土地に資材を置いていた建設業のDに対し追認後その資材を撤去するよう申し出た。Bの申出は認められるだろうか。

```
                    名義変更
        D      ┌─────┐ ──→ A
       資材    │B所有 │     ↓売却
   資材撤去請求 └─────┘ ──→ C
                    追認
```

1　無効の意味

無効は，法律行為の効力をはじめから発生させないということである。これは，無効の法律行為によって法律関係に変動が生じ不利益を被る人を保護する趣旨である。

2　無効の態様

公序良俗に反する契約，強行法規に反する契約は無効であるが，それにとどまらず，追認によって無効の契約を有効にできる余地もない。賭麻雀の約束を追認したことを理由とする賭金請求は認められない(119条)。これに反し，無権代理のように，無効ではあるが有効にしうる手が残されているような場合は，無効は相対的な性格をもつことになる。すなわち当事者が承認し，そうして第三者の法的保護に欠けるところがなければ，法律行為のなされた時に遡って効力を認めてもいいということになる。代理人の越権行為を本人が追認すれば，無権代理人のした行為は契約の時に遡って効力を生じる (116条)。

法律行為の一部が無効な場合，その法律行為全体が無効となるかどうか。一部無効のままで法律行為の有効性を保つべき理由があれば，その範囲で法律行為は有効とされる。

3　無効行為の追認

追認は，無効な法律行為を有効にする意思表示である。公序良俗に反する法律行為や強行法規に反する法律行為は，追認によっても有効にはなりえない。追認によって有効にできるのは，このような無効原因と異なる法律行為の場合に限られる（119条）。

4 無効行為の転換

無効な法律行為でも，他の法律行為としては当事者の法的保護に役立つと認められるときは，有効とされる。法律行為の有効要件として一定の方式が要求される場合に多く問題を生じる。秘密証言遺言の要件を欠いても自筆証書遺言としての効力を認める民法971条や789条の準正によって嫡出子となるべき者について父母が行う嫡出子出生の届出の効力を肯定する戸籍法62条は法律の認めた転換の例である。

Step up

〈CASE〉のような他人の権利の処分すなわち無効な処分行為の追認は，無権代理の追認と同じではじめに遡って効力を生ずるという考え方を判例はしている（大判昭10・9・10民集14巻1717頁，最判昭37・8・10民集16巻8号1700頁）。民法116条の類推適用であるから，第三者の権利を害することはできない。

したがって，この場合Cが所有者ということになり，資材の撤去を求められるのはCであってBではないということになる。

Practice

下記の各問の正誤を答えなさい。

問1．芸娼妓契約のように契約のすべてを無効にしないと強行規定の目的を達することができないような場合は，全部無効とされる。　　　（　　）
問2．契約が強行規定や公序良俗違反で無効になる場合，当事者が合意すれば有効になる。　　　（　　）
問3．他人の権利を処分した事案で判例は契約当事者の関係にかぎって最初から契約が有効であったとすることを認めている。　　　（　　）
問4．法律行為の無効は，誰に対してもいつでも主張できるのが原則である。
　　　（　　）

Ⅷ 無効・取消

| *No. 38* | 取　　消 |

〈CASE〉　Aの取消の意思表示後に目的物がCに転売された場合Aは、目的物をCから取り戻すことができるか。

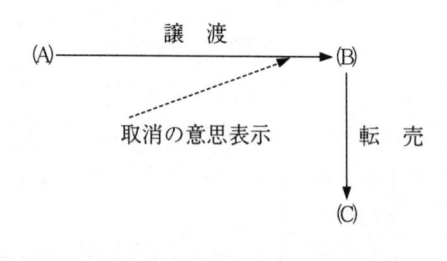

```
          譲　渡
(A) ─────────────→ (B)
    ＼                │
     ＼取消の意思表示   │転　売
      ＼              │
       ↘             ↓
                     (C)
```

1　取　　消

　法律行為の有効を一応認める点で、無効と区別される。取り消されれば結果的には無効と変わりないが、取消の場合は、取消権者が取消の意思表示をするかどうかの選択熟慮の余地が残されている。同じ取消でも、身分に関する法律行為、たとえば婚姻などは、初めから無効とすることが性質上できないこともある(748条)。取消と似て異なるものに、完全に有効な行為を将来に向かってのみ効力を失わせる撤回があり、民法121条の取消と区別する (550条)。

　取消の意思表示を伝達する方法は口頭でも文書でもよいが、婚姻の取消 (743条以下) などは裁判である。

2　取消の当事者

　法律行為を取り消すかどうかの選択を与えることは、取消原因(制限能力者・詐欺・強迫)を免れていない間に意思表示をした者それ自身を保護するという趣旨であるから、民法は、表意者(制限能力者と詐欺・強迫により取り消すことができる法律行為について瑕疵ある意思表示をした者)、制限能力者に関しその代理人、承継人もしくは同意をなすことを得る者また瑕疵ある意思表

示をした者，またはその代理人もしくは承継人に限り取り消しうるものとした (120条2項)。

　取消の相手方について，判例はこれを取り消すことができる意思表示の相手方と解する (大判昭6・6・22民集10巻440頁)。すなわち取消の意思表示は，取消しうべき法律行為の相手方が確定していれば，その相手方に対して行い，相手方がその権利を第三者に譲渡した場合，取消の意思表示は，第三者ではなく相手方に対してしなければならない。

3　取消の効果

　取り消すことができる法律行為が取り消されると，法律効果は初めから生じなかったものとみなされる(121条)。いったん生じた法律行為の効力を行為時に遡って効力を失わせる効力を遡及効と呼ぶ。

　取消によって，履行されていなければ履行の必要はなくなり，履行されていれば，これを返還することになる。

　取り消すことができる法律行為を取り消さずに，むしろ，いちおう有効に成立している法律行為を確定的に有効にする意思表示が，この場合の追認の意味で，無効行為の追認の場合と異なるのは，取消権の放棄という性質にもとづく。

　意思表示によって追認がなされる場合，追認をなしうる者は，取消権者と同様である (122条・120条)。

　法定代理人または制限能力者の保佐人もしくは補助人が追認をする場合は別に制限はないが (124条3項)，未成年者の場合は成年に達した時から，強迫の場合は強迫が止んだ時から，詐欺の場合は詐欺にかかったことを知った時からでないと追認は無効である (124条1項)。ただし，未成年者だけは法定代理人の同意があれば有効な追認をすることができる。

　追認がなされると，一応の有効性を保っていた法律行為が，取り消されて無効になる余地がなくなり確定的に有効なものとなる (122条)。

　追認は意思表示によるもののほか，一定事実があれば，取り消すことができず確定的に有効とされる場合がある。法定追認と呼ばれるものである。

　取消権者が追認できる状況になってから，とくに法定追認の効果を欲しない旨の意思を表示しないかぎり，追認の意思に関わるべき事実があったときは，

取消権者が取り消すことができるということを知っているか，知っていないかにかかわらず取消権を放棄したものとみなされる（125条）。124条2項の制限能力者が追認をするときにはその者のした行為が取り消しうるものであることを知って取り消すことが必要なのと異なる。

4　取消権の存続期間

取り消すことができる法律行為が不確定のまま長期間存続することは，相手方や第三者の地位をいつまでも不安定なものにしておくことになって不都合であるから，取り消すことができる法律行為の表意者の法的保護に時間的な枠がはめられている。

追認できるようになってから5年間，または追認できるようにならなくても行為の時から20年たてば，取消権は消滅する（126条）。

5　無効と取消の基本的な違い

基本的な効果

　　無効……最初から効力がない。

　　取消……取り消されるまでは有効であるが，取り消されれば遡って無効となる。

主張できる者

　　無効……誰でも無効を主張できる。

　　取消……取消権者しか主張できない。

追認行為

　　無効……できない。追認行為があっても，元の法律行為は有効にならない。

　　取消……できる。追認行為があると元の法律行為は，確定的に有効となる。

主張できる期間

　　無効……制限がない。放置しておいても，元の法律行為は有効にならない。

　　取消……一定期間内に限る。放置しておけば取り消せなくなり，元の法律行為は確定的に有効となる。

Step up

判例は，取消の原因がなんであるかを問わず，AとCとの関係は先に対抗要件を備えた方が優先すると考える。

　　　取消によるBからAへの所有権復帰
　　　　　　取消の前後を問わず，対抗関係
　　　BからCへの所有権譲渡

Aが取り消したことを知っているCは保護する必要がない，と考える説もある。

Practice

下記のものを，無効な行為となるものと取り消しうる行為とに分けなさい。

① 制限能力者が単独で法律行為をした場合　　　　　　（　　　）
② 公序良俗に反する場合　　　　　　　　　　　　　　（　　　）
③ 錯誤の場合　　　　　　　　　　　　　　　　　　　（　　　）
④ 詐欺の場合　　　　　　　　　　　　　　　　　　　（　　　）
⑤ 心裡留保において表意者の真意を相手方が知りまたは知ることができた場合
　　　　　　　　　　　　　　　　　　　　　　　　　（　　　）
⑥ 強行法規に反する場合　　　　　　　　　　　　　　（　　　）
⑦ 虚偽表示の場合　　　　　　　　　　　　　　　　　（　　　）
⑧ 強迫の場合　　　　　　　　　　　　　　　　　　　（　　　）

IX 条件・期限

IX 条件・期限

No.39 条件とはなにか

〈CASE〉 不動産業者Aは，BからBが所有している不動産の売却を仲介してくれるように依頼され，売買契約成立の際には報酬を支払うとの約束を交した。Aは購入を希望してきたCと交渉したが，なかなか締約に至らなかった。そこで，業をにやしたBはCと直接交渉し，契約を成立させた。Aは条件成就の妨害を理由にBに対して報酬を請求できるか。

1 条件の意義

法律行為の効力の発生または消滅を，将来発生するかどうかが不確実な事実にかからしめる特約＝附款のことを「条件」という。またこうした事実そのものも「条件」と呼ぶ。民法127条は，「条件」として次の2つの類型を挙げる。

なお，「法定条件」は，ここに規定される条件とは異なったものである。

(1) 停止条件

それが成就することによって，法律行為の効力が発生するものを「停止条件」という。たとえば，「大学に合格したら新しい腕時計を買ってあげよう」というときの「合格したら」という附款または「合格」という事実が停止条件である。

(2) 解除条件

それが発生することによって既に生じている法律行為の効力が消滅するものを「解除条件」という。たとえば，「落第したら奨学金の給付を打ち切る」というときの「落第したら」という附款または「落第」という事実が解除条件である。

2 条件になりうる事実

条件になる事実は，その発生が不確実なものでなければならない。また，それは将来における事実でなければならないと解されている。したがって，原則的には過去の既に確定している事実（既成条件）は条件にならないとされる。もっとも，過去の事実であっても，一般にその成否が未だ知られていなかった

ものを，当事者が法律行為の条件とした場合にこれを認めることになんら問題はない。131条3項は，右の場合には既成条件も保護されると規定している。

3 条件に親しまない行為
(1) 身分行為
身分行為においては，その法的な効果が発生する時点での当事者の真意が尊重されなければならない。したがって，婚姻や離婚といった身分行為に条件をつけることは，身分法秩序に照らして不当であり，「司法試験に受かったら結婚しよう」とか「現在の妻と離婚したら結婚しよう」といった合意は無効である。

(2) 単独行為
取消，追認，解除，相殺といった単独行為は，相手方の地位を不安定にするゆえ，原則的には条件をつけることができない。しかし，債務が履行されない場合に，「一定期間に履行がなされなければ契約を解除する」という停止条件付の解除の意思表示をすることは，相手方を不安定な地位に置くわけではなく，有効と解されている。

(3) 不法条件と不能条件
劇画の世界によくあるような，「殺人を依頼し，それが成就したら対価を支払う」といった契約は無効であり，不法行為をなさないことを条件にする合意も無効である（132条）。また，「ペガサスを捕獲したら，1億円あげましょう」といった実現することが不可能な停止条件を付けた法律行為は無効であり（133条1項），実現することが不可能な解除条件を付けた法律行為は無条件の法律行為となる（133条2項）。

(4) 純粋随意条件
「自身がそうしたいと思ったときに，100万円を贈与する」といった，債務者側の意思だけにかかる停止条件を付けた法律行為は，法律効果を発生させる当事者の意思が認められず無効である（134条）。判例によれば，逆に，債権者の意思だけにかかる条件は無効ではないとされる（大判大7・2・14民録24輯221号）。

4 条件成就の効果
停止条件を付けた法律行為は，条件成就の時からその効力を生じ（127条1項），

解除条件を付けた法律行為は，条件成就の時からその効力が失われる（同条2項）。条件成就の効果は，原則的に遡及しないが，当事者がその旨の意思表示をした場合には，条件成就の効果の遡及が認められる（同条3項）。

なお，既成条件は，過去の既に確定している事実が条件となっているのであるから，当事者がその成否を知った時をもってその効力の開始あるいは失効とするのは適当ではない。そこで，131条1項と2項は，過去の事実であっても，一般にその成否が未だ知られていなかったものを，当事者が法律行為の条件とした場合には，遡及して，法律行為の当時にすでにそれが明らかであった場合と同様に，無条件あるいは無効になるものとした。

5 条件の成就・不成就の擬制

(1) 条件成就の妨害

条件の成就によって不利益を受ける当事者が，それがなければ条件が成就したであろうという可能性があるときに，故意に条件の成就を妨害した場合には，当該条件は成就したものとみなされる(130条)。たとえば，Aが所有している宝石を「1,000万円以上で売ってくれたら，一割を報酬としてもらえる」という約束で，Aから当該宝石の売却の依頼を受けたBが，Cにそれを1,500万円で売ることを約束していたにもかかわらず，AがDに当該宝石を売却してしまったためCとの契約が成立しなかったとき，Bは条件が成就したものとみなして報酬を得ることができる。なお，不正行為によって条件を成就させた場合には，当然のことながらその効果は発生しない（法は不正な行いに荷担しない）。

(2) 条件成就の誘導

判例によれば，条件の成就によって利益を受ける当事者が，故意に条件の成就を誘導した場合には，当該条件は成就しなかったものとみなしうる。

6 期待権の保護

(1) 意 義

条件の付された法律行為において，条件の成就によって利益を受ける者は，その成否が未定の時点でも当該利益に対する期待をもっている。こうした期待は民法128条・129条・130条によって保護され言葉の厳密な意味では未だ権利

とはいえないものの「期待権」と呼ばれている。期待権は処分，相続，保存または担保することが可能である。たとえば不動産についての期待権を保存するために仮登記を行ったり，担保するために抵当権を設定したりすることができる。

(2) **期待権の侵害に対する保護**

停止条件の付いた売買契約の売主が，契約の目的物を故意または過失によって毀損し，買主の期待権を侵害した場合には，売主は，債務不履行あるいは不法行為による損害賠償責任を負う。もっとも，130条による上述のような保護を受けた場合には，損害が生じることはないから，買主は債務不履行および不法行為による損害賠償責任を追及することはできなくなる。

第三者が期待権を侵害した場合にも，不法行為が成立しうる。

Step up

●**条件と反対給付**　同様の事例について判例は130条を適用し，条件成就を擬制して，不動産業者の報酬請求を認める（最判昭39・1・23民集18巻1号99頁）が，〈CASE〉においては不動産業者の斡旋業務と報酬は対価的な相互関係にあり，報酬は斡旋に対する反対給付であると解することも可能である。したがって，不動産売却にAがどの程度寄与したのかを衡量しつつ報酬額を決定することも可能であり，Aが交渉の努力を怠っていたような場合には，報酬額の請求を認めない（あるいは，一部の請求のみを認める）という解決もありうる。

Practice

下記の各問の正誤を答えなさい。

問1．「司法試験の合格」という事実は条件になりうる。　　　（　　　）
問2．婚姻は身分行為であるから，「結婚したら，この家を譲ろう」という条件を付した契約は無効である。　　　（　　　）
問3．「妻と離婚が成立したら，君と結婚する」という停止条件付の婚姻の合意は無効である。　　　（　　　）
問4．「留守番をしてくれたら，5,000円あげよう」というのは停止条件である。
　　　（　　　）
問5．すでに成否が決定している事実であっても，当事者がその成否を知らず，それを条件とすることについて，当事者間の合意があれば条件にすることができる。
　　　（　　　）

IX 条件・期限

No. 40 期限とはなにか

〈CASE〉 貸金の返済について，いわゆる「出世払」の約束がなされた場合，これが果たされなかったときには，貸主は貸金の返済を請求しうるか。

1 期限の意義

法律行為の効力の発生，消滅または債務の履行を，将来発生することが確実な事実にかからしめる特約＝附款のことを「期限」という。また，こうした事実そのものも「期限」と呼ばれる。

その事実の到来によって債務者が債務を履行しなければならない「履行期限」や，その事実の到来によって法律行為の効力が発生する「停止期限」を「始期」という（135条1項）。これに対して，その事実の到来によって法律行為の効力が消滅するものを「終期」という（135条2項）。前者の例としては，「10月28日に代金を支払う」という約束や，「5月8日からアパートを貸す」といった約束が，後者の例としては，「（借主が）死ぬまで土地を賃貸する」といった約束を挙げることができる。

なお，期限には，「5月8日に……」といった，いつ到来するかが確定している「確定期限」と，「死ぬまで……」といった，いつ到来するかが不明である「不確定期限」とがあり，不確定期限と条件は判別が難しい場合がある。

また，条件におけるのと同様の理由から，身分行為や単独行為に期限を付することは一般には認められないと解さるべきであろう（例外として，民法964条は遺贈を認める）。

2 期限の利益

期限が付されていることによって当事者が得る利益を「期限の利益」という。たとえば，1年後に借金を返済するという約束で1,000万円を貸したとき，借主は，1年間1,000万円の利用チャンスを提供されるという利益を得る。136条

1項によれば，期限は債務者（借主）の利益のために定めたものと推定されているが，上記の例が，利息付の金銭消費貸借であった場合には，債権者も期限までの利息を取れるという利益を有することになる。

3　期限の利益の放棄

民法136条は，期限の利益を放棄することができると規定する。たとえば，1年後に借金を返済するという約束で1,000万円を借りた場合，1年に満たないうちにこれを返済することは可能である。もっとも，同条但書は，期限の利益の放棄によって相手方を害することは許容しないから，無利息の金銭消費貸借における元本の返済については無条件に期限の利益を放棄しうるが，利息付の金銭消費貸借においては，返済債務者（借主）は，期限の利益の放棄によって貸主が被る損害（利息）を賠償しなければ，これを放棄することはできないと解されている。貸主が利息を放棄して，満期前に借主に元本の返済を求めることはできない。「利息＝借主の損害」ではないからである。

なお，期限の利益が債権者の側に存在するような場合にも，債権者は期限の利益を放棄することができる。銀行の定期預金の中途解約が好例であろう。ただし，この際も，相手方が被る損害は賠償しなければならないから，定期預金の利率は適用されないことになる。

4　期限の利益の喪失

債務者が自身の信用を失うような一定の事実が生じた場合には，期限の利益を主張できなくなり，たとえば，借金の返済期限までにまだ猶予があるときでも，直ちに返済を行わなければならなくなる。これを期限の利益の喪失という。137条は，①破産宣告（破産法17条を参照），②担保の毀滅または減少，③担保供与義務の不履行，があった場合に期限の利益が喪失すると規定している。

法実務においては，この外に，期限の利益喪失約款（たとえば，銀行取引約定書）を用いて，特約によって，一定の事実があれば期限の利益が喪失する旨が合意されていることが少なくない。一般に銀行取引約定書は，①支払の停止または破産，和議の開始，会社更生手続の開始，会社整理開始もしくは特別清算開始の申立があった場合，②手形交換所の取引停止処分を受けた場合，③債

務者か保証人の預金その他の銀行に対する債権について仮差押，保全差押または差押の命令，通知が発送された場合，④債務者の責に帰すべき事由によって，債務者の所在が不明になった場合には，債務者は当然に期限の利益を失い，⑤債務者が債務の一部でも履行遅滞に陥った場合，⑥担保の目的物について差押，または競売手続が開始された場合，⑦債務者が取引約定に違反した場合，⑧保証人が①から⑦の1つにでも該当した場合，⑨①から⑧のほか債権の保全を必要とする相当の事由が生じた場合には，債務者は銀行の請求によって期限の利益を失うと規定している。

Step up

●「出世払」と不確定期限　「貸したお金は，出世したときに返してくれればいい」という約束がなされた場合，「出世」しなかったときには，貸主は返済を請求しうるのであろうか。「出世したときに」という言明を，条件の付与とみるか，あるいは期限の付与とみるかによって法的効果は相違する。

　条件とみれば，「出世」しないかぎり返済請求はなしえないであろう。不確定期限とみれば，その実質は「出世」までの返済の猶予ということになろう。もしも，「出世」しないことが確実になれば，条件と解した場合には，「出世払」は弁済期のない消費貸借ということになり，期限と解した場合には，その時点で弁済をせまられることになろう。

　判例は「出世払」の約束を不確定期限を付与したものと解する（大判大正4・3・24民録21輯439頁）が，「出世」しないことが確実になった時期の認定，そもそも「出世」とはいかなる状態を指示するのかなど難しい問題である。

Practice

下記の各問の正誤を答えなさい。

問1．「私が死んだら，この茶器を譲ろう」という約束は期限を付したものである。
　　　　　　　　　　　　　　　　　　　　　　　　　　　　（　　　　）
問2．「あなたが死ぬまでこの土地を使ってよい」という約束は，身分行為に期限を付したものであるから認められない。　　　　　　　　　（　　　　）
問3．借主が破産宣告をされた場合，貸主は返済期限を待たずに貸金の返済を請求

することができる。　　　　　　　　　　　　　　（　　　　）
問4. 1年の期限で借金をし，半年でお金の都合がついた場合でも，期限の前に貸主に返済することは契約違反であるから認められない。　　（　　　　）
問5. 不確定期限と条件とは，法的な概念としては同一である。　（　　　　）
問6. 貸主は，利息を放棄して，期限前に，借主に貸金の返還を求めることができる。　　　　　　　　　　　　　　　　　　　　　　　　（　　　　）

X 期 間

No.41 期間

> **〈CASE〉** 平成12年（2000年）の2月28日の午後2時に、「今から1年間、この家を貸す」という約束をした場合、どの時点で期間が満了することになるか。

1 期間の意義

「期間」とは、ある時点からある時点までの継続した時の区分を意味する。期間は、法律行為、法規定、裁判所の命令によって定められる。民法138条は、法令、裁判上の命令または法律行為に別段の定めがある場合を除く、一般的な期間の計算方法の原則を規定する。期間の計算方法は、起算日から将来に向かって計算する場合に関するものであるが、起算日から前に遡って計算される期間にも、民法の規定が準用されるものと解されている。

2 時・分・秒を単位とする期間の計算方法

139条によれば、時（時・分・秒）をもってする期間の計算については、即時より起算される。つまり、人為的な加減を行わず、瞬間から瞬間までが計算されることになる（自然的計算法）。

3 日・週・月・年を単位とする期間の計算方法

140条以下は、日・週・月・年を単位とする期間の計算について、暦に従って計算することとする（暦法的計算法）。

(1) 初日不算入の原則

140条は、期間が午前0時から始まるとき（たとえば、来年の1月1日から7日間という定め方の場合）を除き、初日は算入しないこととした。これは、初日が算入されると1日が完全に使えない場合の不合理を避けるためである。すなわち、初日が1日に満たない場合には、翌日が起算点となる。

ただし，年齢の計算（年齢計算に関する法律）や戸籍届出期間（戸籍法）については初日が算入される。

(2) 期間の満了

141条は，期間の末日の終了をもって期間の満了とする。末日の定め方は次のとおりである。

(a) 期間を日または週で定めた場合　起算日から所定の数だけかぞえて，その最後の日が末日となる（143条1項）。

(b) 期間を月または年で定めた場合　暦に従って算し（143条1項），月または年の初めから計算する場合には，最後の月または年の末日が期間の末日となり，月または年の初めから計算しない場合には，最後の月または年において，その起算日にあたる日の応答日の前日が期間の末日となる（同条2項本文）。ただし，最後の月に応答日がないときには，その月の末日が期間の末日となる（同条2項但書）。

(c) 末日が大祭日・日曜日その他の休日にあたるとき　大祭日とは，国民の休日に関する法律に定められた「国民の祝日」である。もっとも，同規定は，その他の休日を広く含むものと解されている。その日に取引をしない慣習がある場合に限って，その翌日が末日となる（142条）。

Step up

初日不算入の原則によれば，平成13年（2001年）の2月29日が応答日になるが，平成13年は閏年ではないから応答日がない。したがって，143条2項但書によって，2月28日が末日となる。

Practice

下記の各問の正誤を答えなさい。

問1． 4月1日の午前10時に1年間の不動産の賃貸借契約を締結した場合，起算点は，翌日の午前10時となる。　　　　　　　　　　　　　　　　（　　　）

問2． 来年の1月1日から1年間という約束でお金を借りた場合，期間の末日は翌年の1月2日である。　　　　　　　　　　　　　　　　　　　　（　　　）

問3． 10月31日に生まれた子供は，翌年の11月1日に満1歳になる。（　　　）

問4． 期間の末日が日曜日の場合には，翌日の月曜日が末日となる。（　　　）

問5． 期間の末日が，取引相手の会社の創立記念日である場合には，その翌日が末日となる。　　　　　　　　　　　　　　　　　　　　　　　　（　　　）

XI 時効

XI 時効

No. 42 時効制度の意義

〈CASE〉 未成年者Aが，主たる債務者Bの債権者Cに対する債務の保証を約束したが，成年に達してから5年を経過した後に債権者Aから請求を受けた。未成年者Aは民法126条の取消権を行使することができるか。

1 時効の意義

時効は，一定の事実状態が一定期間継続することにより，それが真実の権利関係と一致するかどうかを問わず，権利の得喪という効果が生ずる制度である。権利取得を生じさせる時効を取得時効，権利消滅の効果を生じさせる時効を消滅時効という。たとえば，Aが隣人Bの土地の一部を自分の土地のように長い間使用していた。その土地に家屋を建て通常の生活を営んでいた。このようにAが土地を平穏に公然と自分の土地のようにして使用して20年以上が経過した。それでもわれわれの通常の生活では，何十年経とうともこの土地はB所有の土地でありAの土地となるものではない。しかし民法は，20年以上も土地を平穏に公然と使用したAはその土地の所有権を取得する，その結果Bは所有権を失うということを認めた。これが取得時効の例である。さらにまた，Aが1年間の約束でBからお金を借りたが，返済期限がきてもAが返済せずBも支払の請求や催告をしないで期間が過ぎてしまった。こうして10年以上の期間が過ぎたある日，BがAに貸してあったお金の返済を求めた。何年経ってもBは債権者なのだから，Aに対して返済を請求することができるはずである。しかし民法は，債務者Aは，債権者Bは金銭債権を10年間も行使しなかったのだから時効にかかって消滅していると主張して，Aは返済の義務を免れることができることを認めたのである。これが消滅時効の例である。

2 時効の存在理由

(1) 時効制度には，取得時効と消滅時効の2つの種類がある。これらの制度

は，それぞれどのような理由によりその存在を認められているのだろうか。時効制度は長い歴史を有するが，学説が時効制度の存在理由として挙げているものは，次の3つである。第1は，一定の事実状態が永続すると，社会はこの事実状態を正当なものと信頼し，これを基礎としていろいろな法律関係が築かれる。社会の法律関係の安定のためには，一定期間継続した事実状態はこのまま法律関係とすることが必要である。第2は，長期間永続した事実状態が，法律関係に合致しているのかどうかを証拠によって証明することは難しい。永続した事実関係は真実の法律関係に合致している蓋然性が高いので，この事実状態を新たな法律関係の法定証拠として証明困難を救済するものである。第3は，権利の上に眠るものは保護しない，というスローガンは，権利関係に一致しない事実状態が継続しているにもかかわらず，権利を主張して事実関係を破ろうとしないものは法の保護を受けるに値しない，という意味である。

(2) 時効制度の3つの存在理由は，学説によっては，3つの理由で，取得時効と消滅時効の双方を一元的に説明しようとするものもある。あるいは，いずれかに重点を置いて時効制度を考えたり，取得時効と消滅時効で理由を異にするように考えたりする。すなわち，取得時効は，物権取引を安定させることを目的としている。消滅時効には2通りあり，一方は，民法167条2項の消滅時効である。これは，所有権を制限する他物権を消滅させて，所有権の完全性を回復させることが時効制度の趣旨である。他物権そのものの消滅を考えるのである。他方は，実体上の権利を消滅させるのではなく，裁判所における請求権の行使を許さなくすることである。長期間行使されなかった債権が行使されると，それに対する防御方法にも困難が生じるので，請求の相手方に時効の援用という防御方法を与えたのである。

さらに近時は，取得時効の存在理由について，次のような考え方も主張されている。すなわち，民法162条2項の短期取得時効は，権利者でありながら権利行使を怠っている者と，善意・無過失で物を占有する無権利者の間の目的物に対する実質的な利害関係を比較較量して，実質的利害関係のより厚い占有者を保護する制度であるから取引安全の制度である。これに対して162条1項の長期の取得時効は，占有者の善意を要求してないから取引の安全のための制度ではなく，真実の所有者の所有権の証明困難を救済するために法定証拠の創出

を目的とする制度である、というのである。

3　時効学説

(1)　民法は、一方では、時効の完成により権利を「取得ス」「消滅ス」(162条・167条)と定め、実体法上の権利得喪がそれだけで生ずるかのように定め、他方、時効が完成していても、「当事者」が援用しないと、「裁判所之ニ依リテ裁判ヲ為スコトヲ得ス」と定め（145条）ている。この一見矛盾するような両規定の関係をどのように理解し、構成するかが問題となる。さらに、時効に関する基本的な考え方は、上述した時効制度の根拠のどれに重きをおくか、時効の効力をどう考えるか、時効の援用をどう解するかにより多岐に分かれる。これらの考え方を時効学説という。詳しくは、時効の援用の箇所で説明することとし、ここでは簡単に述べる。

(2)　時効により、実体法上、権利の得喪を生ずる制度と解する考え方を実体法説といい、権利存否の法定証拠であると解する考え方を訴訟法説という。また、実体法説は確定効果説と不確定効果説とに分かれ、さらに、不確定効果説は解除条件説と停止条件説とに分かれる。

(a)　確定効果説（攻撃防御方法説）　時効の完成により実体法上確定的に権利の得喪が生じ、時効の援用は権利の得喪とは切り離された訴訟上の攻撃防御方法であり、そのために援用は必ず裁判上でしなければならない訴訟行為である。また、放棄は、発生した権利を消滅させる意思表示であり、裁判外でも可能である。時効の完成により確定的に権利得喪の効果を生じても、時効の援用・放棄が攻撃防御方法として提出されなければ、裁判所は時効の効果を認めることができないから、実体法上の権利関係と異なった判決がなされることになり、実体法上の効果と訴訟法上の効果とが一致しない場合がでて、妥当ではない。

(b)　不確定効果説　時効の完成により権利の得喪は確定的には生ぜず、当事者の時効の援用により権利の得喪が生ずるという見解である。この考え方には、時効の完成により権利の得喪の効果は一応生じ、援用により効果は確定し、放棄により発生した効果が遡及して消滅するという説（解除条件説）と、時効の完成により権利の得喪は確定的には生ぜず、援用により確定的に効果が生じ、

放棄により効果が生じないことに確定するという説（停止条件説）とがある。後説が通説である。

(c) 法定証拠提出説（訴訟法説）　この説は，時効は実体法上の権利の得喪原因ではなく，期間の経過による不明となった権利関係を，長い間権利を行使しなかったという事実を法律の定めた唯一の証拠として確定する制度である。時効の援用とは，時間の経過による権利の得喪という事実を法定証拠として裁判所に提出する行為であり，放棄とは，法定証拠を提出しないという意思表示である。

4　抗弁権の永久性

権利は，訴訟において積極的に原状を変更するために行使される場合と，消極的に現状の維持のために行使される場合とがある。権利の積極的行使について期間制限を設けるのが消滅時効制度であり，反対に，消極的な権利行使については期間制限はない。たとえば，取り消しうべき行為により財産権を相手方に引き渡した者がその返還を請求する権利（取消権と返還請求権）は，積極的に原状を変更する権利であるために消滅時効にかかるが，未だ履行しないうちに相手方から引渡を請求してきた場合に抗弁として取消を主張する権利は消滅時効にかからないのである。この抗弁権は，期間の経過によっては消滅しないということを「抗弁権の永久性」という。しかし，判例は「抗弁権の永久性」をいまだ認めてはいない。

5　除斥期間

(1)　民法は，取消権に関する民法126条，詐害行為取消権に関する426条，不法行為による損害賠償請求権の期間制限に関する724条，相続回復請求権に関する884条において，二重の期間を規定している。短い方は時効により消滅すると明示し，長い方は「亦同シ」「同様である」としている。その他，二重の期間を規定しているのではないが，問題となるのは，民法566条3項は「1年内ニ之ヲ為スコトヲ要ス」と定め，193条は「2年間物ノ回復ヲ請求スルコトヲ得」としている。これらが除斥期間として問題とされている。

(2)　除斥期間は，権利の行使期間であり，その期間内に権利を行使しないと，

以後一切権利の行使ができなくなるものである。法が速やかに権利関係を確定しようとする場合に，この制度が用いられ，消滅時効とはその制度目的を異にする。除斥期間と消滅時効の相違は，次のとおりである。①消滅時効のような中断は認められず，期間が固定的である。②当事者の援用を必要とせず，期間経過による権利の消滅は絶対的に生じる。③権利消滅の効果は遡及しない。④時効の停止は，除斥期間にも類推適用される。

(3) 民法の定める権利の期間が，除斥期間なのか消滅時効であるかを判断する基準は，かつては，民法が「時効ニ因リテ」と定めておれば消滅時効であるが，そうでないときは除斥期間と解していた。しかし，現在は権利の性質と規定の趣旨によって実質的に判断すべきであるとされている。そうすると，形成権については除斥期間，請求権については消滅時効と一応は言いうる。しかし取消権については，短期と長期の期間が定められているが，形成権の意味と期間制限を定めている規定の趣旨を考えて，双方とも除斥期間と考えるべきであり，さらに形成権行使の結果，請求権が発生する場合には取消権と返還請求権ともに除斥期間と考えるべきであろう。

6 権利失効の原則

契約解除権のような形成権を数年間行使しないで放置しておいたために，相手方がもはやそれらの権利の行使がないものと信頼すべき正当な事由を有するに至った場合には，解除権を行使して法律関係を変動させることは信義則に反すると認められるため，その解除は法律上許されないものとなる，とする考え方である。これは，信義則による権利行使の制限の一場面である。所有権にもとづく物権的返還請求権，共有物分割請求権は時効消滅しないため，権利失効の原則の適例である。しかし，ドイツ判例法で確立された権利失効の原則が日本で承認されるかどうかに関しては，否定する学説が多い。判例は一般論として権利失効の原則を論じたことがある（最判昭30・11・22民集9巻12号1781頁）。

Step up

取り消し得べき法律行為が不確定のまま長期間存続することは，相手方や第三者の地位をいつまでも不安定なものにしておくことになって不都合だから，

取り消し得べき法律行為の表意者の保護（取消権）に時間的枠組みが設けられたのである。一定の時間の経過により取消権が消滅して取り消し得べき法律行為が確定的に有効となるのである。追認ができるようになってから5年，あるいは行為の時から10年経過すれば取消権は消滅する。問題はこの先にある。取消権のように，長期と短期の2つの権利行使期間の定めがある場合には，長期の期間制限によって権利関係を確定しようとするのだから除斥期間とみるべきである。また，形成権行使の結果，請求権（原状回復請求権，現存利益返還請求権など）が生ずる場合には，期間制限を定めている規定の趣旨を考える必要がある。取消権については，5年の期間制限も除斥期間と考えるべきであり，権利者は5年以内に取消の意思表示を行い，かつ，返還請求権を行使する必要がある。しかし，判例は，長期の期間は除斥期間とするが，形成権行使の結果生ずる請求権については消滅時効と考えている（大判大7・4・13民録24輯669頁）。

Practice

下記の各問の正誤を答えなさい。

問1． 取得時効は，物権取引の安定，消滅時効は所有権の完全性の回復と裁判上の請求権の行使の不許の目的を有するという考え方がある。　　（　　　　）
問2． 除斥期間とは権利の存続期間であり，時効の中断は認められない。
　　　　　　　　　　　　　　　　　　　　　　　　　　　　（　　　　）
問3． 取消権行使の結果生ずる返還請求権は，消滅時効にかからないというのが判例である。　　　　　　　　　　　　　　　　　　　（　　　　）
問4． 権利失効の原則は，共有物分割請求権のような時効消滅しない権利行使について考えられている。　　　　　　　　　　　　　　　（　　　　）

XI 時　効

No. 43　取得時効

〈CASE〉　Aが他人Bの所有に属する山林を自分の所有だと誤信して木を切り伐木を取得した。この伐木（動産）の取得に民法162条1項が適用されるか。

1　取得時効の認められる権利

　取得時効は，所有権とその他の財産権について認められる。所有権の時効取得について「占有」を要件の1つとし，所有権以外の財産権については，事実上の権利の行使がこれに相当する。これを「準占有」という。どのような財産権が取得時効にかかるのかは，個別的に検討する必要がある。所有権，地上権，永小作権，地役権（継続かつ表現のもの），入会権，質権，抵当権などは取得時効の対象となる。また，債権が取得時効の対象となるかどうかについては争いがあるが，不動産賃借権は，不動産を占有，使用することを内容とするものだから，学説・判例（最判昭43・10・8民集22巻10号2145頁）ともに認めている。しかし，法律の規定により成立する留置権や先取特権や1回の行使で消滅する形成権（取消権）また，不表現または不継続の地役権などは，取得時効の目的とはならない。

2　取得時効の要件

　取得時効は，「所有ノ意思ヲ以テ平穏且公然ニ他人ノ物ヲ占有」することである（162条）。

(1)　所有の意思ある占有

　取得時効が成立するためには，所有の意思をもってする占有（自主占有）であることを必要とする。所有の意思ある占有とは，所有者がその物に対するのと同一の意思をもってする占有であり，必ずしも所有者であることを要しない。これに対して，賃借人や受寄者などのように権原の性質上所有の意思がないと

考えられる場合には，たとえ，内心にどのような意思を有していても所有の意思があるとはいえない。

　たとえば，賃借人などは，他人の物を占有するが，これは占有者が他人の所有権の存在を認めながら物を支配する占有（他主占有）であるため，いくら長期間継続しても所有権の取得時効は成立しない。そして，所有の意思の有無は，占有取得の原因たる事実によって客観的に定められる。

　また，売買契約で目的物を購入した買主の占有は自主占有である。これに対して，賃貸借契約における賃借人は，他人の所有権の存在を認めながら物を支配する占有であるために他主占有である。しかし，他主占有者が一定の時期から自主占有者にかわることが認められる場合がある。

　民法185条は，他主占有から自主占有への転換について2つの場合を認めている。第1は，たとえば賃借人が賃貸人へ賃貸借の目的物を今後自分の所有物として占有する旨を表示するように，「自己に占有をなさしめた者に対して所有の意思あることを表示」した場合である。通常このようなことをすれば賃貸借契約を解除されるであろう。第2は，新権原により，さらに所有の意思をもって占有をはじめた場合にも自主占有へ転換される。そして，新権原は以下のような場合に認められている。

　たとえば，賃借人が賃貸借の目的物を買い取った場合などのように，その後，賃借人が売買契約という新しい権限にもとづいて占有することになるので自主占有となる。さらに，判例は，賃貸人から目的物を賃借していた賃借人が死亡して，その相続人が「所有の意思」をもって占有を承継した場合に，相続人の占有を自主占有と認め，相続を新権原と認めている（最判昭46・11・30民集25巻8号1437頁）。なお，所有の意思（自主占有）のあることは推定される（186条）。

　所有権以外の取得時効には所有権以外の権利を「自己ノ為メニスル意思ヲ以テ平穏且公然ニ行使スル」ことが必要である（163条）。自己のためにする意思をもって財産権を行使するとは，地上権などの占有を伴う権利については占有そのものであり，その他の権利については準占有である。

【所有の意思の証明責任】　所有の意思は，民法186条で推定されるので，他主占有を主張する者が占有者に所有の意思がないことを証明しなければならない。占有取得の原因である権原から客観的外形的に所有の意思の有無を判断

しなければならない。たとえば，売買契約により物の引渡を受けた場合なら自主占有であるが，賃借して引渡を受けた場合なら，占有者の内心の意思いかんにかかわらず，当然に他主占有であり，客観的外形的に見て占有者が他人の所有権を排斥して占有する意思を有していないと解されれば他主占有である。

(2) 平穏かつ公然の占有

占有は，平穏・公然になされることを必要とする。平穏とは暴力によらないことであり，公然とは隠秘でないことである。平穏・公然の占有であることは推定されるから(186条)，時効取得を争う側で，強暴・隠秘の占有であることを立証した場合に取得時効が妨げられる。

(3) 取得時効の対象となる物

民法162条は「他人ノ物」の占有であることを要すると定めている。これは，民法が「他人ノ物」といっているのは自己の所有物について，所有権を取得することが無意味であるからこの要件を設けているのである。しかし，取得時効制度の目的は，真実の所有者がその所有権を証明することの困難を救済するものであるとすれば，「他人の物」についてしか取得時効が成立しないというものではなく，自己の物の所有権を時効の援用によって証明にかえることは当然許される。

判例は，時効取得を主張する者は目的物が他人の所有に属することの証明を要しない（大判大9・7・16民録26輯1106頁）とし，さらに，不動産の買主は売主との関係において時効取得を主張することができる（最判昭44・12・18民集23巻12号2476頁）とする。さらに，不動産の二重譲渡において，登記を有しない第1の買主が，登記を有する第2の買主に対して，平穏・公然・善意・無過失の10年の占有を理由とする取得時効の完成を主張しうるとしている（最判昭42・7・21民集21巻6号1643頁）。判例の見解は，登記の対抗要件主義を崩すものである，との批判がある。

物の一部も，取得時効の対象となる。たとえば，一筆の土地の一部（大判大13・10・7民集3巻476頁）や他人の土地に権原によらずに植え付けた樹木についても（最判昭38・12・13民集17巻12号1696頁）取得時効が成立する。

さらに，公物は取得時効の対象になりうるが，判例は，公共用財産としての形態や機能を失った場合，黙示の公用廃止があったとみられる場合に取得時効

を肯定している（最判昭51・12・24民集30巻11号1104頁）。学説はその理由づけについて対立はあるが，私権の対象となり得ない公物（公有水面，河川流水など）を別として，私権の対象となりうる公物については時効取得が認められるとしている。

(4) 時効期間

2種類の時効期間が存する。第1は長期取得時効であり，占有のはじめ悪意・有過失の場合には20年の占有（162条1項），第2は短期取得時効であり，占有のはじめ善意・無過失である場合には10年の占有（162条2項）で所有権を取得する。善意とは所有権が自己に属すると信ずることであり，無過失とは，自己に所有権があると信じたことについて過失がないことである。そして善意は推定されるが，無過失は推定されない(186条)。短期取得時効で要求されている善意・無過失が要求される時期については，取引行為により占有を取得した場合と取引行為によらずに占有を取得した場合に分けて考えるべきであろう。前者は，たとえば売買契約により占有を取得した時の信頼を保護するために，占有開始時点での善意・無過失を必要とし，後者では，たとえば境界線を越えて他人の土地を占有した場合には，10年間を通して善意・無過失であることを要するというべきであろう。

【短期取得時効の適用範囲】　民法162条2項の短期取得時効は，取得時効の対象を不動産に限っている。これは，動産については善意取得制度（192条）があるので，本項の適用がありえないと考えられたからである。しかし，善意取得制度は，取引によって善意で動産の占有を取得した場合に限られるから，取引によらずに善意で動産の占有をはじめた場合については規定が存在しないことになる。たとえば，他人の山林を自己の山林と誤解して木材を伐採し，山林伐採という非取引行為によって動産の占有を取得した場合などのために，162条2項の10年の短期取得時効が成立することになる。

(5) 占有の継続

取得時効期間中，占有が継続していなければならない。占有者が任意に占有を中止したり，他人のために占有を奪われた場合には，時効が中断する(164条)。これを自然中断という。これは法定中断と異なり，絶対的効力を有する。ただし，他人に占有を奪われた場合において，占有回収の訴を提起し(200条)，目的

XI 時　効

物の占有を回復したときは，占有は継続したことになるから (203条但書)，取得時効は中断しない。また，前後する2つの時点の占有（現在の占有と10年前あるいは20年前の占有）が証明されれば，占有はその間継続していたものと推定される (186条2項)。さらに，他人から占有を承継した者は，自己の占有のみを主張してもよいし，前主の占有を合算してもよい (187条1項)。しかし，この場合には，前主の占有の瑕疵（悪意・有過失など）をも承継する (187条2項)。

(6) 所有権以外の財産権の取得時効

所有権以外の財産権は一般に取得時効の対象となりうる。しかし，取得時効の対象となるかどうかは，当該権利の性質が「占有・準占有の継続」という要件を充たすかどうかにより決まる。地上権・永小作権・地役権・質権は，取得時効の対象となる。なお判例は，不動産賃借権については，土地の継続的用益という外形的事実の存在と，それが賃借人の意思にもとづくことが客観的に表現されているときは，土地賃借権の時効取得を認めている（最判昭43・10・8民集22巻10号2145頁）。

所有権以外の財産権の取得時効は，所有権以外の権利を「自己ノ為メニスル意思ヲ以テ平穏且公然ニ行使スル」ことが必要である (163条)。自己のためにする意思をもって財産権を行使するとは，その財産権の権利者としての行動ないし状態を続けることをいう。地上権や質権のように占有を伴う権利においては，占有そのものであり，その他の権利については，準占有 (205条) である。その占有を平穏かつ公然に行使することを要する。さらに，自己のためにする意思で財産権の行使を開始した時点で，悪意または有過失の場合には20年間，善意・無過失の場合には10年間，自然中断なく継続しなければならない。

3　取得時効の効果

取得時効の完成により，占有者は時効期間のはじめに遡って所有権ないしその他の財産権を取得する(144条)。これを時効の遡及効という。所有権の取得時効では，原所有者からの目的物の返還請求を拒否しうるだけでなく，所有権の登記名義人に対して，登記請求権を有する。権利の取得時効は原始取得とされている。したがって，権利に付着している制限・負担は消滅すると解されている。

Step up

　民法162条は，20年の時効は動産・不動産の区別なく適用されるが，10年の時効については不動産に限定している。これは，動産については192条の善意取得制度があるから時効取得を認める必要がない，と考えられたためである。しかし，善意取得制度は，取引により善意で占有を取得した場合に限られる，というのが通説・判例の立場であるから，取引によらずに善意で動産の占有を始めた場合につては規定が存在しないことになる。そのため学説は，162条2項の文言にとらわれずに，10年の時効が動産にも成立することを認めている。そのような場合として，設例のような場合と，さらには取引行為により占有を取得したが，何らかの理由で取引行為に瑕疵があって無効・取消しうべき行為とされる場合に，善意取得制度は適用されないが，占有開始時に善意・無過失の占有者が10年の占有をすることで取得時効による権利の取得を認めてもよいであろう。

Practice

下記の各問の正誤を答えなさい。

問1． 取得時効の要件中，平穏・公然・善意は推定されるから，無過失だけを立証すればよい。　　　　　　　　　　　　　　　　　　（　　　）

問2． 私権の対象となりえない公物を別として，私権の対象となりうる公物については時効取得が認められる。　　　　　　　　　　（　　　）

問3． 短期取得時効制度は善意取得制度が存在するので動産には適用されない。
　　　　　　　　　　　　　　　　　　　　　　　　　　　（　　　）

問4． 占有者が任意に占有を中止したり，他人のために占有を奪われたときには時効が絶対的に中断する。　　　　　　　　　　　　（　　　）

XI 時　効

No. 44 消滅時効

〈**CASE**〉 債務者Aが，銀行Bと期限の利益喪失約款付で10年120回割賦払の約束で住宅ローンを組んだが，債務者Aは第1回以降なんら割賦金の支払をしなかった。15年経過する時にあたって，銀行Bが，債務者Aに最終回の割賦金の支払を請求したが，Aは第1回の不払により全額につき履行期が到来し，その後，商事債権の時効期間（5年）が経過したことにより全額について債権は時効により消滅した，と抗弁した。

1 消滅時効の認められる権利

　民法は，債権と債権または所有権に非ざる財産権が時効により消滅すると規定する(167条)。後者は，地上権，永小作権，地役権などの他物権である。そして，所有権は消滅時効にかからず，所有権から派生する権利も時効にかからない。たとえば，所有権にもとづく物権的請求権，共有物分割請求権(256条)，相隣権(209条)，所有権にもとづく登記請求権などである。一定の事実状態または法律状態が存在する限り存続する占有権や留置権・先取特権は時効にはかからない。質権や抵当権は，被担保債権に従属する物権であるから，被担保債権が時効消滅することにより消滅するが，独立して時効にかかることはない。さらに，取消権や解除権などの形成権は，一定期間の不行使によって消滅するが，これは消滅時効ではなく，除斥期間と解するのが通説である。

　抗弁権について，消滅時効にかからないという原則（抗弁権の永久性）を認めるべきであるとする考え方が主張されている（前掲 *No. 42*，209頁参照）。

2 消滅時効の要件（債権の消滅時効）

　消滅時効の要件は，一定の期間，権利の不行使の状態が継続することである。債権の消滅時効については，債権の種類などにより種々の時効期間が定められている。

(1) 消滅時効の起算点

　消滅時効は，権利を行使し得る時より進行する（166条1項）。権利を行使し得る時とは，権利行使について法律上の障害の存しない状態であり，権利者が権利を行使しうることを知らなかった場合でも時効は進行する。以下に，具体的場合について説明する。

　(a)　確定期限付債権あるいは停止条件付の債権にあっては，期限到来または条件成就の時から進行する。不確定期限の付された債権は，債権者の知，不知を問わず期限到来の時から進行する。

　(b)　期限の定めのない債権は，原則として債権成立の時から進行する。債権者は，債権成立以後いつでも請求できるからである。しかし，債務者が履行遅滞の責任を負うのは「履行の請求」を受けたときからであり，時効の進行とは別問題である。

　期限の定めのない寄託契約について，判例は寄託の時から時効が進行するとし（大判大9・11・27民録26輯1797頁），期限の定めのある寄託契約については，期間満了時から時効が進行する（大判昭5・7・2評論19巻民法1016頁），としている。

　(c)　当座預金債権については，判例は当座預金契約が終了した時から時効が進行する（大判昭10・2・19民集14巻137頁），とする。普通預金債権は，預入や引出があれば，そのつど時効が中断していると考えられるから，現実には，最後の預入，引出があった時から時効が進行する。当座預金と普通預金とを区別するだけの理由に乏しいとして，同じように扱うべきである，とする見解もある。

　(d)　期限利益喪失約款付債権の起算点に関しては，見解の対立がある。たとえば，割賦払債権では，1回でも弁済を怠ると，全額の返済の請求ができる旨の特約がついている場合がある。この特約の意味は2通りに解釈することができる。第1には，特約の趣旨が，1回でも弁済を怠れば債務者は当然に期限の利益を失うというのではなく，「債権者の意思表示」によって期限の利益を失うという内容の場合である。これについては，不履行とともに即時に時効を進行させるという考え方と，債権者の請求をまって進行させるという考え方（大連判昭15・3・13民集19巻544頁）がありうる。第2には，特約の趣旨が，債権者の意思表示がなくても債務者は当然に期限の利益を失うというものであるときは，債務者の不履行により全額について返還義務が生じているから，債権者の返還請

求権の時効は債務者の不履行時である。

(2) **時 効 期 間**

(a) 一般の債権の時効期間は10年である (167条1項)。ただし，商事債権は5年である (商522条)。

(b) 終身年金債権のように，定期に一定の金銭の給付を受けることを目的とする債権を定期金債権という。定期金債権については，基本権としての定期金債権とそれから生ずる支分権としての定期給付債権があり，民法168条1項は基本権としての定期金債権を定めている。支分権としての定期給付債権の消滅時効期間は169条が定めている。また，168条2項は，支払をなした債務者が，1項の時効消滅を主張するおそれがあるので，債権者は債務者に債務存在の承諾書を求めることにより，時効中断ができるものとした。定期金債権には，年金債権・恩給債権・地上権の地代債権等があり，この基本権としての定期金債権は，第1回の弁済期より20年で時効にかかる。さらに，最後の弁済期から10年経過すれば消滅時効が完成する (168条1項)。

(c) 基本権としての定期金債権から生ずる支分権としての定期給付債権については，原則として10年で時効にかかる。ただし，「年又ハ之ヨリ短キ時期ヲ以テ定メタル」定期金給付については，時効期間は5年に短縮される (169条)。

利息・賃料・地代のほか，定期金債権の支分離（毎期の年金・恩給）などがある。

(3) **短期消滅時効**

(a) 民法は，日常ひんぱんに生ずる債権や金額が少ない債権のうち一定のものを選んで特別の短い時効期間を定めている。これらの債権には短期間で決済する取引慣行があり，あるいは，債権の成立や消滅に関して書面で確認することも少なく，そのため債権関係の証拠が明確でないという事情も短期消滅時効を定めた理由である。短期消滅時効の期間は，3年，2年，1年である。したがって，債権関係の証拠が明確であるときには短期消滅時効の規定を適用する必要がない。自動車修理会社は居職人（理髪師のように自分の仕事場で他人のために仕事をする者）に該当せず，その修理代債権は10年の時効の対象となる (最判昭40・7・15民集19巻5号1275頁)。さらに，商品の売掛代金債権 (173条1号) を消費貸借に改め書面を作成したときは（準消費貸借），通常の債権として10年

の消滅時効にかかる（商行為であれば5年の消滅時効期間）。

　(b)　3年の時効にかかる債権（170条・171条）の例として，医師・産婆・薬剤師の治術・勤労・調剤に関する債権と技師・棟梁・請負人の工事に関する債権である。この債権の時効は，その負担した工事の終了の時より起算する(170条)。弁護士は事件終了時から，公証人はその職務執行時より3年を経過した時は，その職務に関して受け取った書類に関して免責される(171条)。弁護士および公証人に関する債権は，その原因たる事件終了時から2年間行わないことにより消滅する。しかし，その事件終了時から5年を経過したときは，事件終了から2年を経過していなくとも，その個々の債権は消滅時効にかかる（172条）。

　(c)　2年の時効にかかる債権（172条・173条）の例として，生産者（たとえば農業者）・卸売商人・小売商人が売却した産物・商品の代価（173条1号），居職人・製造人（たとえば靴屋）の仕事に関する債権（同条2号），生徒・習業者の教育・衣食・止宿の代料に関する校主・塾主・教師・師匠の債権（同条3号）などである。

　近代的な企業活動により生じた債権に2年の短期消滅時効を適用する必要はない。他方，上記の用語は適当に現代化して適用されなければならない。自動車修理工場の修理代債権は民法173条2号に該当せず，旅館のパンフレットを作成した代金は173条1号・2号に該当しない（最判昭44・10・7民集23巻10号1753頁）。

　(d)　1年の時効にかかる債権（174条）の例として，月またはこれより短い時期をもって定めた雇人（たとえば家事使用人）の給料（174条1号）・労力者（大工など雇用関係に立たないで肉体的労力を提供する者）・芸人（俳優など）の賃金ならびにその供給した物の代価（同条2号）・運送賃（同条3号）・旅店・料理店，貸席および娯遊場の宿泊料・飲食料・席料・木戸銭・消費物代価ならびに立替金（同条4号）・動産の損料（同条5号）などである。

3　債権以外の財産権の消滅時効

　(1)　債権以外の財産権の消滅時効は20年である（167条2項）。地上権，永小作権，地役権などの用益物権がこの消滅時効の適用を受ける。これらの物権は，所有権を制限している他物権であり，その不行使により消滅するということは

所有権が完全性あるいは円満性を回復するということである。抵当権は，被担保債権に従属するから，被担保債権の時効によって被担保債権とともに消滅することがあっても，独立して消滅時効にかかることはない。しかし，民法は抵当権設定者以外の者との関係では，時効により消滅することを認めている（396条）。この消滅時効期間は20年である（大判昭5・11・26民集19巻2100頁）。

(2) 形成権について，民法は「時効ニ因リテ」消滅すると規定する場合があり（126条・426条），形成権を消滅時効とすべきか，除斥期間とすべきかが争われている。現在の通説は，形成権の権利行使期間の期間制限は，消滅時効ではなく除斥期間としていることは，前述のとおりである。

(3) 確定判決などにより確定した権利は，短期時効期間の定めのあるものについても，時効期間は10年となる（174条ノ2第1項）。債権の存在が公権力により確証されたことがその理由である。ただし，確定の当時まだ弁済期の到来していない債権にはこの原則は適用されない（同条2項）。

4　消滅時効の効果

時効が完成すると，援用により債権が消滅する（145条）。時効により債権は起算日に消滅するので，債権は弁済期に消滅したものとされる。したがって，時効により債務をまぬかれた者は，時効期間中の利息を支払う必要はない。ただし，時効にかかった債権は，その時効消滅以前に相殺適状にあったときは，その債権者はこれを自働債権として相殺をすることができるとされているので（508条），この場合は債権の時効消滅の遡及効に対する例外である。さらに，債務者が時効を知りつつ債務を弁済した場合には，通常，時効利益の放棄があったものとされている。

Step up

割賦払契約には，1回でも支払を怠れば直ちに残余額の支払を求めることができる旨の特約（期限の利益喪失約款）がつくことが多い。その場合，特約の趣旨が，1回でも弁済の遅滞があったときに，債務者は当然に期限の利益を失うのではなく，「債権者の意思表示」によってはじめて期限の利益を失うという内容のときが問題なのである。学説は，債務者の利益を考慮し，1回でも遅滞

すれば，債権者は残額の弁済を請求しうるのであるから，この時から時効が進行するとし，不履行とともに即時に時効が進行する（即時進行説）と主張するものが多い。これに対して，判例は，各期の割賦金債務には弁済期が定められており，それぞれ弁済期毎の各期債権について時効が進行するので，期限の定めのない債務のように，債権者が請求しないと時効が進行しないというのではない。そのために，債権者の請求時から時効が進行するとしてもなんら不都合ではない（大連判昭15・3・13民集19巻544頁），とするのである。

Practice

下記の各問の正誤を答えなさい。

問1. 所有権は消滅時効にかからないが，所有権にもとづく物権的請求権は時効にかかる。　　　　　　　　　　　　　　　　　　　（　　　）

問2. 期限の定めのない債権は，債権成立時から時効が進行する。（　　　）

問3. 債権以外の財産権には用益物権と約定担保物権が含まれ，抵当権は独立して消滅時効にかかる。　　　　　　　　　　　　　　　（　　　）

問4. 短期消滅時効にかかる債権でも，確定判決により確定された権利は10年の時効期間である。　　　　　　　　　　　　　　　　　（　　　）

XI 時　効

No. 45 | 時効の中断・停止

〈CASE〉 債権者Aが債務者Bに時効を中断するため裁判上の請求をしたが，その後8カ月経過したところで，債権者Aが訴えを取り下げてしまった。この裁判上の請求は時効中断効を有するか。

1 時効中断の意義

(1) 時効の完成には，一定の事実状態の一定期間の継続を要する。しかし，この事実状態の継続が当事者により断ち切られ，事実状態が覆された場合は，それまでの時効期間の経過が全く無意味になる。これを時効の中断という。中断事由が終了すると，そこから新たな時効が進行する。中断事由には，取得時効と消滅時効に共通な事由により時効が断ち切られる法定中断と取得時効の要件である占有・準占有が失われた場合の自然中断とがある。ここでは，法定中断について説明する。

(2) 民法は，中断事由として，①請求，②差押・仮差押・仮処分，③承認(147条)の3つを定めている。前二者は債権者が権利を主張する場合であり，後者は債務者が相手方の権利を認める場合である。この両者が中断事由とされる根拠は同じではない。時効の存在理由を永続した事実状態の保護に求めれば，権利の主張と承認は，事実状態を破ることになり，さらに権利の上に眠っているのではないことを示したことになる。さらに，訴訟法説に従えば，請求・差押等々の権利存在の強い証拠力を持つ事実により，権利の存在を確定したことになる。

2 中断事由

民法は，三種の中断事由を掲げている (147条)。

(1) 請　　求

(a) 裁判上の請求　　① 原告としての訴えの提起（給付訴訟，確認訴訟，

形成訴訟，反訴等々）が「裁判上の請求」にあたる。これが中断事由となるのは，権利主張であるだけではなく，その結果裁判所により権利の存在が公的に確認されることになるからである。「裁判上の請求」であるためには，裁判上主張されている権利が訴訟物であり，既判力により権利が確定することを要する（権利確定説）という考え方と，権利が裁判上主張されたという形式が存すればよい（権利行使説）という考え方の対立を背景として，訴えの提起というような形をとらない訴訟上の権利主張が「裁判上の権利主張」に含まれ，中断事由となるのかが問題となる。債務者Bが提起した債務不存在確認訴訟で，被告の債権者Aが債権の存在を主張して勝訴した場合には，債権が訴訟物となり，その存在が判決で確定されたのであるから「裁判上の請求」となる。問題は，裁判上主張された権利が訴訟物となっていない場合である。抵当権設定者Bが債務の不存在を理由として抵当権設定登記の抹消を訴求したことに対して，抵当権者Aが債権の存在を主張して勝訴した場合に，訴訟物は登記請求権であり抵当権者Aの主張した債権は訴訟物にはなっていないが，判例は「裁判上の請求」としての時効の中断効を認めている（最判昭44・11・27民集23巻11号2251頁）。判例は，抗弁として提出された権利に関して，それが訴訟物でなくても「裁判上の請求」としての時効中断の効力を認めている。さらに，抗弁として主張した権利存在の前提として必要な権利（たとえば留置権）に関しては，裁判上主張されても「裁判上の請求」として時効中断の効力を認めていない。たとえば，目的物引渡請求の訴えの被告としての留置権の抗弁を主張することは，被担保債権の時効を中断するが，裁判上の請求としてではなく，催告として訴訟終結後6カ月間時効中断の効力を生じるにとどまる（最判昭38・10・30民集17巻9号1252頁）。

② 債権の一部について裁判上の請求をした場合に，判例は，時効中断の効力を否定する（最判昭34・2・20民集13巻2号209頁）。しかし，学説は一部請求であっても，その請求を認容する判決は請求部分を含む全権利の存在を確認しているのであるから，権利全体について「裁判上の請求」の中断効を認めるべきである，とする。また，裁判上の請求が時効中断の効力を生ずる時期は訴えを提起した時期であり，訴えの却下や取下げのあった場合には中断の効力は生じない（149条）。棄却も「却下」に含ませて解されている。

XI 時　効

(b)　支払督促 (150条)　　債権者が金銭や有価証券の給付請求を裁判所に求め，それで発せられる命令が支払督促である (民事訴訟法382条)。支払督促に対する異議がない場合には，債権者の申立により仮執行宣言が付され(同法391条)，これに対しても異議がない場合には，仮執行宣言付支払督促は確定判決と同一の効力を有するので (同法396条)，「裁判上の請求」と同様の時効中断の効力が認められる。

(c)　和解のためにする呼出・任意出頭 (151条)　　和解のための呼出 (民事訴訟法275条) は，和解を申し立てて相手方を和解のために呼び出してもらうことである。そして，当事者間で話し合いがつき，裁判所により和解調書が作成されれば，これは確定判決と同一の効力を有する (同法267条)。この場合には，和解の申立があったときに時効が中断する。しかし，相手方が期日に出頭しなかったとき，または和解が不調のときには時効中断の効力が生じない。これは，民事調停法による調停の申立にも類推適用される。また，任意出頭 (同法273条) は，当事者双方が相携えて和解をしてもらうために裁判所に任意出頭することである。和解が成立すれば，任意出頭の時に時効中断の効力が生ずる。

(d)　破産手続参加 (152条)　　債務者が破産したとき配当を申し出ることにより時効は中断する。これは，破産手続参加も権利主張としての意味を持ち，届け出た債権が債権表に記載されると確定判決と同一の効果を持つからである (破産法241条・242条)。しかし，債権者がこれを取り消し，または請求が却下されたときは時効中断の効力はない。

なお，民事執行法にもとづく民事執行における配当要求 (民事執行法51条)，和議手続における参加(和議法附則2項)などは，破産手続の参加に準ずるものとして，時効中断の効力が認められている。

(e)　催告 (153条)　　債権者が債務者に内容証明や書留郵便などで支払を求める手紙を送り，あるいは口頭で債務の履行を請求したというような一切の裁判外の請求を催告という。債権者の一方的な権利主張であるため権利関係を確定するものではなく，時効中断力は弱い。催告後6カ月以内に他の強力な中断手続きをとると，催告の時点で時効中断の効力が生じるのである。また，裁判上の権利主張が，「裁判上の請求」にあたらない場合には，催告としての効力が認められる。しかし，通常の催告とは異なり，訴訟が継続している間，催告の

効力が継続し，訴訟が終結したときから6カ月以内に強力な時効中断事由の手続きをとればよいと解されている。これを「裁判上の催告」という。

(2) **差押・仮差押・仮処分**（154条）

これらが時効中断事由であるのは，権利の実行行為の一形態であること，および一連の手続を通して権利の存在が公的に確認されることによる。しかし，差押などが，権利者の請求により，または法律の規定に従わないために，取り消されたとき，時効中断の効力を生じない。担保権の実行としての任意競売は，差押に準じて時効中断の効力が認められている。また，債権者が債務者以外の者（物上保証人，抵当不動産の第三取得者など）に対して差押・仮差押・仮処分の手続を行った場合には，債務者が知らないのに時効中断の効力が生ずるのは適当ではないという理由で，債務者に対して通知しないと時効中断の効力は生じないとされている（155条）。

(3) **承　　認**（156条）

承認とは，時効の利益を受ける者が，時効により権利を失う者に対して，権利の存在を知っていると表示することである。承認の方法には，特別の要式を必要としない。債務の一部弁済は，残額についての承認となるし（大判大8・12・26民録25輯2429頁），利息の支払は元本の承認となり（大判昭3・3・24新聞2873号13頁），利息債権と反対債権との相殺も元本の承認となる（大判昭17・7・31民集21巻824頁）。

また，承認は新たな処分行為ではなく，現に存在する権利を確認する行為であるから，処分行為とは異なる。したがって，承認を行う能力・権限については，相手方の権利につき処分の能力または権限あることを要しないとされているのである（156条）。

(4) **中断の効果**

中断事由があると，時効の完成は阻止され，それまで進行してきた時効期間が無意味になる。中断事由がなくなれば，また新たに時効は進行する（157条1項）。そして新たな時効が進行する時期は，裁判上の請求の場合には裁判確定時であり(157条2項)，支払督促の場合には確定判決と同一の効力が生じたとき，破産手続参加は破産手続終了時であり，差押などは，その手続の終了した時点である。

XI 時　効

　時効中断の効果は，法定中断においては，当事者およびその承継人との間においてだけ効果を生ずる(148条)。この相対的効力には，若干の例外がある(155条・424条・457条・284条)。

　時効中断後に新たに時効が進行する場合にも，新しい時効期間は前の時効期間と同一である。たとえば，1年の短期消滅時効にかかる債権が中断されれば，新たな時効期間はこの中断事由終了時から1年である。しかし，短期消滅時効にかかる債権も，確定判決により確定されると，新たに進行をはじめる時効期間は一律に10年となる（174条ノ2）。

3　時効の停止

　(1)　時効の停止とは，時効の完成まぎわに，権利者の権利行使が不可能または著しく困難であるような一定の事情があるとき，その事情が消滅後一定期間が経過するまで時効の完成を延期する，という制度である。時効の中断とは異なり，停止事由が消滅しても，いままで経過した期間を無意味にするものではない。

　(2)　停止事由は，次の5つである。

　(a)　時効完成前6カ月内に，未成年者または成年被後見人が法定代理人を有していないときは，この者が能力者となりまたは法定代理人が就職してから6カ月内は，時効は完成しない(158条)。制限能力者自身は，法定代理人がいないと時効中断を行うことができないからである。

　(b)　未成年者または成年被後見人がその財産を管理する父，母または後見人に対して有する権利については，その者が能力者となり，または後任の法定代理人が就職したときから6カ月内は時効が完成しない（159条）。

　(c)　夫婦の一方が他方に対して有する権利についての時効は，婚姻解消の時から6カ月内は完成しない（159条ノ2）。以上2つは，このような事由があると権利を行使することができないからである。

　(d)　相続財産に関する権利については，相続人が確定し，管理人が選任されまたは破産宣告のありたるときから6カ月内は時効は完成しない(160条)。相続財産を管理する者が現れるまでは，相続財産に属する権利についても，相手方の権利についても中断の手続をとることができないからである。

(e) 時効期間の満了にあたり，天災その他避けることのできない事変のために時効中断をなしえないときには，事変による妨害がやんだときから2週間内は時効は完成しない（161条）。

Step up

裁判上の請求が，訴えの取下などにより時効中断事由としての要件が認められない場合には，裁判上の請求は権利者の請求であることには変わりがないので催告としての一時中断効を認めようとされている。訴えを提起した権利者が訴えを取り下げると，「裁判上の請求」としての時効中断効はないが，催告としての一時的中断効は認められてもよい。しかし，訴え提起の時点で催告があったことになると，時効を中断しようとするためには，その時から6カ月以内により強力な時効中断措置をとらなければならないので，訴えを取り下げた時点ですでに6カ月を経過しているような場合には，催告の中断効は認められないことになる。これでは，訴訟継続期間中に6カ月間が満了してしまい権利者は保護されないことになる。そこで，このような状況における権利者を保護するためには，訴え提起から訴えの取下げ時点までの間，催告が継続しており，訴えの取下時点から6カ月以内により強い時効中断措置をとれば，訴えの提起時点に遡って時効中断効が生ずるとされる。これを裁判上の催告という。債権者Aには，訴えを取り下げた時点でより強い時効中断措置をとれば訴えの提起時に時効を中断した効果が生ずるのである。

Practice

下記の各問の正誤を答えなさい。
問1. 裁判上の請求は，棄却されても時効中断効がある。　　　　（　　　）
問2. 催告は権利者による請求だから裁判上の請求と同じような時効中断効がある。
　　　　　　　　　　　　　　　　　　　　　　　　　　　　（　　　）
問3. 時効が中断したら，中断事由が終了したときから新たに時効が進行する。
　　　　　　　　　　　　　　　　　　　　　　　　　　　　（　　　）
問4. 時効の停止は，時効中断と異なり，停止事由が消滅しても今までに経過した期間を無意味にしない。　　　　　　　　　　　　　　（　　　）

XI 時効

No. 46 時効の効果および時効の援用・放棄

〈CASE〉 債務者Bが，時効完成後に時効の完成を知らずに，債権者Aに対して債務の承認をした場合に，時効の利益の放棄になるのであろうか。時効の利益の放棄を認めて，その後，時効の援用を許さないのかという問題である。

1 時効の効果

(1) 時効が完成すると，時効の利益を受ける者の援用により，取得時効の場合には新たな権利が取得され，消滅時効の場合には相手方に対して権利の消滅を主張することができる。この権利の得喪に関して，民法は「時効ノ効力ハ其起算日ニ遡ル」(144条) と定めている。これを時効の遡及効という。

(2) 取得時効の完成により占有者が所有権ないしその他の財産権を取得する。権利の取得時効は原始取得と解されている。したがって，占有者は原所有者からその所有権を受け継ぐのではなく，時効完成により占有者が所有権を取得するから，その結果として原所有者が所有権を失うのである。そして，時効の効力はその起算日に遡るとされているために，占有開始時点に原始取得したものとされるのである。また起算日以後の果実は，時効取得者に帰属し，時効期間中に，時効取得された権利を侵害した者は，時効取得者に不法行為責任を負う。

(3) 不動産物権についての取得時効は，占有を要件とするだけで登記の存在は要求されていない。時効による不動産物権の取得を第三者に対抗しうるためには登記を必要する。このことについては，判例と学説は一致している。そして，取得時効による物権変動の当事者間では，登記なくして時効取得を主張することができるが，問題はここから先である。判例は，①A所有の不動産をBが占有していたが，Aが時効完成前にこの不動産をCに譲渡し（登記も移転），その後Bについて時効が完成した。Cは時効完成時の当事者であるので，Bは，時効の援用をすれば，Cに対して登記なくして所有権の取得を対抗することが

できる（大判大7・3・2民録24輯423頁）。②これに対して，Bについて時効が完成した後にCがAから不動産の譲渡を受けた場合には，AからBとCに二重譲渡をしたと同じ関係になり，Bは不動産の時効取得についての登記をしないとCに対抗しえない（大判大14・7・8民集4巻412頁）。③さらに判例は，上例でCの登記後，Bがさらに占有を続け，新たに取得時効の要件を具備すれば，Bは登記なくしてCに対抗しうる（最判昭36・7・20民集15巻7号1903頁）が，学説には反対が多い。

(4) 消滅時効の効果は，援用により債権が消滅することである。時効により消滅した債権の債権者が，消滅以前に債務者に対して債務を負っていた場合には，債権者は時効消滅した債権で反対債権との相殺を主張することができる（508条）。これは，対立する債権を有する両債権の当事者は，相殺適状に達したときには，当然に相殺されたものと考えるから，この信頼を保護しようとするものである。

また時効によって債権は起算日に消滅するので，時効によって債務を免れた者は時効期間中の利息や損害金を支払う義務を負わない。

2 時効の援用

(1) 時効によって権利を取得し，あるいは義務が消滅するには，時効の利益を受ける者が時効の利益を受ける意思を表示しなければならない。これを時効の援用という。時効の利益を受けるのか否かは，利益を受けるべき者の意思に委ねるという考え方がその基礎にあるのである。しかし，民法は，時効の完成によって権利が取得されたり消滅したりすると定めている（162条・163条・167条）が，他方では，時効が完成しても時効の援用がないと，「裁判所之ニ依リテ裁判ヲ為スコトヲ得ス」（145条）とも定めている。そこで，この両者を矛盾なく説明するために，援用の性質をどのように考えればよいのか，時効制度の本質に関連して，学説が分かれている。

(a) 不確定効果説（解除条件説）　時効完成により，権利の得喪の効果が一応発生するが，時効利益の放棄があると確定的に時効の利益を失い，援用があれば権利の得喪が確定的に生ずるとする考え方である。

(b) 不確定効果説（停止条件説）　時効完成により，権利の得喪の効果が

一応生ずるが，未だ確定的でなく，援用によりはじめて確定する。権利の得喪は，援用を停止条件としているから停止条件説といわれる。現在の多数説である。

　(c) 確定効果説（攻撃防御方法説）　時効完成により，実体法的に権利の得喪が生じており，援用は，権利の得喪という実体法的効果とは別の訴訟法上の攻撃防御方法である，とする考え方である。判例の見解である（大判大7・7・6民録24輯1467頁）。ここまでの三つの考え方は，時効によって権利が実体法的に完全に生じ，時効の利益を受けるのかどうかは，時効の利益を受ける者の良心に委ねようという考え方であるために，実体法説ともいわれる。これに対して，

　(d) 法定証拠提出説（訴訟法説）　時効は継続的事実の推定力が強く，継続した事実が権利存否の法定証拠であると考え，援用は法定証拠の提出であるとするのである。時効の援用の意味を重視する考え方である。有力説である。時効学説は多数あるが，どの説によっても具体的結論に大きな違いは生じない。

　(2)　援用権者について，民法は「当事者」とだけ定めている（第145条）。しかし，判例は，「当事者」決定の基準として，「時効によって直接に利益を受ける者およびその承継人」と解していた。学説は，判例の立場は狭すぎるとし，間接的に利益を受ける者も時効を援用することができるとし，近時の判例は学説に従う傾向を見せている。取得時効について，A所有の不動産の時効取得者Bが援用権者であることはもちろんであるが，この者から地上権や抵当権の設定を受けた者Cにも，Bの取得時効の援用権がある。消滅時効については例が多い。通説は，連帯債務者の1人について時効が完成した場合，他の連帯債務者が時効を援用しうるとしている。また，判例は，連帯保証人や保証人（大判大4・12・11民録21輯2051頁）は，主たる債務者について消滅時効が完成すれば援用しうるとしている。物上保証人（最判昭42・10・27民集21巻8号2110頁），抵当不動産の第三取得者（最判昭48・12・14民集27巻11号1586頁），仮登記担保不動産の第三取得者（最判昭60・11・26民集39巻7号1701頁），についても時効による直接の利益を認めた。さらに，売買予約にもとづく所有権移転請求権保全の仮登記のついた不動産について所有権を取得した者（最判平4・3・19民集46巻3号222頁）と抵当権を取得した者（最判平2・6・5民集44巻4号599頁）は予約完結権の消滅時効を援

用することが認められている。しかし，時効にかかった債権の債務者の一般債権者については，時効の援用によって債務者の負う債務額が減少し，それだけ債務者の財産が増加することになるが，判例は援用を否定している（大決昭12・6・30民集16巻1037頁）。

(3) 時効の援用により権利の得喪が確定的に生ずるとする実体法説では，裁判外の援用でよく，また，援用を訴訟上の行為とみる訴訟法説では，援用は裁判上のものに限られる。いずれにしても，裁判外の援用であっても，訴訟の場でもう一度主張しなければならないのだから，実際上重要な差異を生じない。

時効の援用は，事実審（第二審）の口頭弁論終結時までに行わなければならない。また，訴訟法説によれば時効の援用は訴訟行為であるが，実体法説によると時効により不利益を受ける者に対する意思表示である。

判例（大判大8・7・4民録25輯1215頁）は，援用の撤回を認める。援用は攻撃防御の方法であるため自由に撤回をなしうるという。

(4) 数人の援用権者が存する場合，その1人が援用しても他の者には効果は及ばない。これを援用の相対的効力という。ただし，連帯債務者については特則がある（439条）。

3　時効の利益の放棄

(1) 時効利益の放棄は，完成した時効の利益を享受しないという意思を表示することである。これは，時効の利益を受ける者が時効利益を享受するか否かを，この者の良心に委ねようとする時効制度にもとづくものである。民法は，時効が完成した後その利益を放棄することを認めているが，時効が完成する前に，あらかじめ時効の利益を放棄することは許されない(146条)。時効制度は公益的制度であり，私人が時効の適用を回避することは許されず，また，事前の放棄を認めると，消滅時効の場合，債権者が優位な立場を利用して債務者にあらかじめ放棄を約束させるおそれがあるからである。

(2) 民法146条の反対解釈として，時効完成後に援用権者が時効利益を放棄することは可能である。時効利益の放棄は，援用とは異なり裁判外で行うこともできる。時効完成の効果と時効利益の放棄との関係をどのように解するかは時効学説により異なる。不確定効果説（停止条件説）によれば，時効期間が経

XI 時　効

過しただけでいまだ援用のなされていない不確定の状態の利益を放棄することは，時効による権利の得喪が確定的に生じないということである。

時効利益の放棄は，その形式を問わず相手方に対してなされる単独行為である。もちろん明示の意思表示でなされることが多いであろうが，黙示の意思表示としてなされたものでもよい。財産的利益の放棄の意思表示であるから，その処分能力・権限を必要とする。

(3)　時効利益の放棄は，通常，時効の完成を知っていることを前提とするものである。時効完成後に，債務者が時効の完成を知らずに債務の承認，一部弁済，延期書の差入れなどのような債務の存在を認めるような行為をした場合に，黙示的に放棄がなされたものとみるべきなのか，が問題である。判例は，当初，放棄は時効完成の事実を知ってなされなければならず，そのうえでなされた場合には黙示の放棄があるとした（大判大3・4・25民録20輯342頁）。その後，時効完成の事実は一般周知のことであるため，時効完成後の債務の承認は時効完成を知ってなされたものと推定するという方法をとった（大判大6・2・19民録23輯311頁）。しかし，債務の承認などの行為は，通常，時効完成を知らないから行うものであり，時効完成を知らないことを推定すべきである。したがって，上記判例は事実に反することになる。そこで，時効完成後に債権者に対して債務の承認のような行為をした場合には，時効完成の事実の知・不知にかかわらず援用権を失う（時効援用権の喪失），と解されるようになった。たとえ時効完成を知らなかったとしても，いったん債務の承認をした以上，その後，時効の完成を知らなかったと主張して援用を認めることは信義則に反し認めることができない（最判昭41・4・20民集20巻4号702頁）とされるようになった。

時効利益の放棄の人的範囲は，援用と同様に相対的である。債務者が放棄をしても，保証人などは時効を援用しうるのである。また，その物的範囲は意思解釈の問題である。

Step up

判例は，時効の利益の放棄は時効完成の事実を知っていることが必要であり，そして時効完成の事実は一般周知のことであり，時効完成後の債務の承認は，時効完成を知った上でなされたと推定される（大判大6・2・19民録23輯311頁）と

していたが，判例の前提とする時効完成の事実を知っているという推定は事実に反し，むしろ債務者が債務を承認するのは時効完成の事実を知らずに行うというのが事実に合する，と批判された。そこで最高裁は昭和41年の大法廷判決で「時効完成後，債務者が債務の承認をすることは，時効による債務消滅の主張と相容れない行為であり，相手方においても債務者はもはや時効の援用をしない趣旨であると考えるであろうから，その後においては債務者に時効の援用を認めないものと解するのが信義則に照らし，相当である」とした（最判昭41・4・20民集20巻4号702頁）。学説は，これを時効援用権の放棄とは別に，時効援用権の喪失という概念で説明している。

Practice

下記の各問の正誤を答えなさい。

問1． 取得時効による不動産物権変動は，当事者だけでなく第三者に対しても登記なくして対抗しうるというのが判例である。　　　　（　　　　）

問2． 時効の援用権者には，抵当不動産の第三取得者が含まれるが，仮登記担保不動産の第三取得者も含まれる。　　　　（　　　　）

問3． 時効利益の放棄は，時効完成前にしなければならない。　　（　　　　）

問4． 時効完成を知らずに行われた債務の承認は，時効利益の放棄とはならない。
　　　　　　　　　　　　　　　　　　　　　　　　　　　（　　　　）

解　答

解 答

ケイスメソッド〔解答〕

No. 2
 問１．×　事情変更の原則によって契約解除が可能。
 問２．×　原則として有責主義である。

No. 3
 問１．○　宇奈月温泉事件が有名である。

No. 4
 問１．×　胎児は原則として権利能力を有さない。したがって，母親は胎児を代理して認知請求はできない（787条参照）。
 問２．×　胎児は生きて生まれて初めて相続が生ずる。死産だから，相続は開始していない。
 問３．○
 問４．×　認知は，父の死亡によっても効力を失わない（785条・787条参照）。

No. 5
 問１．○
 問２．×　意思能力のないことを証明しなければ，契約は無効にならない。
 問３．○，問４．○

No. 6
 問１．×　法定代理人の同意なしで行った法律行為は，一応有効に成立している。取消をまって無効に確定する。
 問２．○，問３．×　認知は，法定代理人の同意を要しない（780条）。
 問４．×　「営業ニ堪ヘサル事跡」ある時以外は，勝手に取り消せない（6条2項）。

No. 7
 問１．×　後見人は，自然人たると，法人たるとを問わない（843条4項参照）。
 問２．×　本人の同意が必要なのは，補助開始の審判の時である（14条2項）。
 問３．×　審判の取消は，本人，配偶者，4親等内の親族，後見人等々の請求によってなされる（10条）。
 問４．○

No. 8
 問１．×　「本人の利益のために特に必要があると認めるときに限り」家庭裁判所は，法定後見開始の審判を行うことができる（任意後見10条1項）。
 問２．○

解　答

　　問3．×　市町村長にも補助開始の審判の申立権がある（老福32条，知的障害27条の3，精神51条の11の2）。
　　問4．×　本人保護の視点から，開示請求は制限されている。
No. 9
　　問1．×　追認したものとみなされる（19条1項）。
　　問2．○，問3．○
　　問4．×　1カ月以内（19条1項）。
No. 10
　　問1．×　3カ月以上住民基本台帳に記録された場所で行う（公選21条1項）。
　　問2．×　法例その他の国内法に別の定めがあればそれに従う（23条但書）。
　　問3．○，問4．×　本籍は，戸籍法上の地番（戸6条）。
No. 11
　　問1．×　不在期間は問われない（25条）。
　　問2．×　親友は，利害関係人とならない（25条）。
　　問3．×　利害関係人又は検察官の請求によって行う（26条）。
　　問4．×　同時に死亡したものと推定される（32条ノ2）。
No. 12
　　問1．×　財団法人は，財産の集まりなので構成員という概念はなく，したがって総会もない（No. 14法人の機関参照）。
　　問2．○，問3．○，問4．○
No. 13
　　問1．○，問2．○，問3．○（弁護士法32条・45条1項）
　　問4．×　主務官庁の許可を得なければならない（34条）。
No. 14
　　問1．○，問2．○
　　問3．×　社員は構成員ということで，出資者たる構成員を意味し，雇われている従業員とは関係ない。
　　問4．○
No. 15
　　問1．○，問2．○
　　問3．○　これは，目的の範囲を定款に明示された目的自体に限局されるものではなく，その目的を遂行するうえに直接または間接に必要な行為であればすべてこれに包含されるとし，範囲の判断基準を，行為の客観的な性質に

239

解 答

即し抽象的に判断されなければならないと判示した（最大判昭45・6・24民集24巻6号625頁）。これによって営利を目的とする会社にとっては，事実上目的の範囲による制限はないに等しいことになった。
 問4．× 54条によって善意の第三者は保護される。

No. 16
 問1．○，問2．○
 問3．法人実在説は法人の不法行為責任能力を肯定するが，法人擬制説に立つと，法人の不法行為などありえないことになる。
 問4．○ 被用者の第三者に対する不法行為については715条による使用者責任となる。

No. 17
 問1．× 最判昭48・10・9民集27巻9号1129頁。
 問2．○，問3．○，問4．○

No. 18
 問1．○ 判例により正しい。
 問2．○
 問3．○ 普通指図による占有移転（184条）で担保設定される。
 問4．× 当事者の意思によって代替物であってもこれを特定物とすることができる。
 問5．○ 問3．と内容は同じ。
 問6．○ 401条2項により正しい。
 問7．○

No. 19
 問1．× 逆の判例がある。
 問2．× 流れとなれば及ばない。
 問3．× 鉱業法2条により国の管理となる。
 問4．○，問5．○
 問6．× 天井と床がなくても登記可能。
 問7．○，問8．○

No. 20
 問1．×，問2．○

No. 21
 問1．○，問2．○，問3．○

解　答

No. 22
　　問1．○
　　問2．○　遺言は要式行為である。
　　問3．×　相手方のない単独行為である。
　　問4．○　借金をしている債務者は期限までに返済しないと債務不履行（415条）となる。

No. 23
　　問1．○　実現不可能な内容を目的とする法律行為は無効である。
　　問2．○　民法754条との関係にも注意してほしい。婚姻が実質的に破綻している場合には，この契約は取消せない（最判昭42・2・2民集21巻1号88頁）。
　　問3．×　これを不法条件（132条）という。
　　問4．○　暴利行為とされる。
　　問5．○　不法原因給付はこれを返還請求することはできない（708条）。

No. 24
　　問1．○　92条。
　　問2．○　例文解釈による。
　　問3．×　92条は慣習についての特則と考えられるから法例2条に優先する。
　　問4．×　判例は有効としている。
　　問5．×　利息が利息制限法の範囲内であれば必ずしも無効ではない。
　　問6．○，問7．○

No. 26
　　問1．○，問2．×，問3．×，問4．×，問5．×
　　問2．求人広告は，一般に応募者すべてを必ず雇うことを前提にしていない。応募者の中から，面接等によって，良い人材を採用するのが普通であろう。したがって，アルバイトの募集は申込ではなく，申込の誘引であると解されている。

No. 27
　　問1．×，問2．○，問3．×，問4．○，問5．×
　　問4．93条但書は，合理的な信頼の保護を企図するものであるから，意思表示の相手方からの転得者が善意・無過失であれば，表意者は心裡留保による意思表示の無効は主張できない。

No. 28
　　問1．×，問2．○，問3．○，問4．○，問5．×
　　問4．AとCとは対抗関係にはない。94条2項の趣旨は，善意の第三者である

解　答

Cの，権利の外観への信頼を法的に保護することを企図して，Cとの関係ではA－B間の売買を有効とみなすものである。すなわち，当該不動産は，A→B→Cと譲渡されたのである。

No. 29

問1．×，問2．×，問3．×，問4．○，問5．○

問4．買主が「当該絵画が本物であると思っている」ということを売主に表示していた場合，あるいは，売主にそれが認識できた場合には錯誤による無効を主張できるが，一般には動機の錯誤（買主自身による思い違い）があっても，売買契約は有効に成立する（判例・通説）。

No. 30

問1．×，問2．○，問3．×，問4．×，問5．×

問4．相手方が錯誤に陥っていることを利用したり，積極的に事実を告げないことで，表意者を錯誤に陥らせた場合（沈黙による詐欺）も，信義則上相手方に告知する義務があるときには詐欺と評価されうる（大判昭16・11・18法学11号617頁）。

No. 31

問1．×，問2．×，問3．○，問4．×，問5．×，問6．○

問3．および問5．申込の意思表示については特則（525条）があり，申込者が反対の意思表示をした場合，相手方が表意者の死亡を知っている場合には意思表示は効力を失うが，一般には97条2項が適用され，表意者の死亡によっても，意思表示が効力を妨げられることはない。

No. 32

問1．×，問2．×，問3．○，問4．×

問1．代理は意思表示について認められるのであり，不法行為や事実行為については認められない。

No. 33

問1．×，問2．○，問3．×，問4．×

問3．代理人は本人のために行動すべきであり，自己や第三者の利益のために行動してはならない。さらに，本人の利益と自己の利益が衝突するような地位に立ってはならない。これを忠実義務という。双方代理・自己契約の禁止（108条）や利益相反行為の禁止（826条など）はこの忠実義務の具体化したものである。

No. 34

問1．×，問2．×，問3．○，問4．○

解　答

問4．制限能力者が法定代理人の同意なく締結した委任契約は取り消すことができ，その結果，授権行為も効力を失う。これを認めてしまうと，相手方が不測の損害を蒙ることになるので，取消の遡及効を制限したのである。

No. 35
　問1．○，問2．×，問3．×，問4．×
　問2．物権や債権の二重譲渡は対抗要件の先後により決定される。そのため，第116条但書は対抗要件に関しない場合（たとえば，差押事例）に適用される。

No. 36
　問1．○，問2．○，問3．○，問4．×
　問3．判例は，基本代理権は法律行為の代理権と私法上の代理権であることを要するとしている。学説の批判がある。

No. 37
　問1．○，問2．×　有効にならない。絶対的無効である。
　問3．○　当事者が希望し，第三者の利益を害しなければ，遡及効を認めてもよいのではないか，ということであり，何ら権利のない者がある物権を処分した場合，真の権利者が後日追認したときは処分のときにさかのぼって効力を生ずる。しかしながら，無権代理行為の追認と同様，第三者の権利を害することはできないので，契約当事者間ということになる。
　問4．○

No. 38
　無効　②，③，⑤，⑥，⑦
　取消　①，④，⑧

No. 39
　問1．○，問2．×，問3．○，問4．×，問5．○
　問4．「留守番」をすることと，5,000円をもらうこととは，給付と反対給付であるとの理解が常識的であろう。
　問5．既成条件と呼ばれる。本来の条件ではないが，これに準じて保護の対象とすることができる（131条）。

No. 40
　問1．○，問2．×，問3．○，問4．×，問5．×，問6．×
　問4．期限の利益は放棄できる（136条）から，期限の前の返済は可能である。もっとも，利息付消費貸借の場合には，貸主の利害（期限までの利息）を害することは許されない（同条但書）から，借主は，合意した弁済期までの利息を含めて

243

解　答

提供しなければならない。

No. 41

　　問1．×，問2．×，問3．×，問4．×，問5．×

　　民法においては「初日不算入の原則」が採られているが，年齢の計算については，「年齢計算に関する法律」の1項が，「年齢は出生の日より起算す」と初日の算入を定めている。したがって，翌年の10月30日の満了によって満1歳になる。

No. 42

　　問1．○，問2．○，問3．×，問4．×

　　問3．判例は，長短2つの期間が設定されている場合には，長期期間を除斥期間であるとし2段階の権利行使が必要である場合は，形成権の行使について除斥期間とし，その結果発生する請求権に関しては消滅時効にかかるとしている。

No. 43

　　問1．○，問2．○，問3．×，問4．×

　　問2．判例は，公物は取得時効の対象になるとするが，公共用財産としての形態や機能を失った場合，黙示の効用廃止があったとみられる場合に取得時効を肯定している。

No. 44

　　問1．×，問2．○，問3．×，問4．○

No. 45

　　問1．×，問2．×，問3．○，問4．○

　　問2．催告は，権利者の一方的な権利主張であるために時効中断力は弱い。催告後6カ月以内に他の強力な中断手続をとると，中断力を維持することができる。裁判上の権利主張が，裁判上の請求にあたらない場合には，訴訟継続中は催告の効力が認められる（裁判上の催告）。

No. 46

　　問1．×，問2．○，問3．×，問4．×

　　問1．判例は，登記なくして対抗できる第三者であるのかどうかについて，取得時効完成の前後によって決定している。

事項索引

あ行

悪意 ………………………… *125*
意思主義 ……………… *16, 114*
意思能力 …………………… *17*
意思の欠缺 ………………… *116*
一物一権主義 ……………… *82*
営利法人 …………………… *56*
エストッペルの法理 ……… *126*
応答日 ……………………… *203*

か行

外形標準説 ………………… *73*
外形理論 …………………… *73*
外国人の権利能力 ………… *13*
解除条件 …………………… *192*
確定期限 …………………… *196*
瑕疵ある意思表示 ………… *116*
瑕疵担保責任 ……………… *137*
過失責任主義 ……………… *2*
仮住所 ……………………… *44*
監事 ………………………… *65*
慣習 ………………………… *104*
間接代理 …………………… *157*
期間 ………………………… *202*
期限 ………………………… *196*
　──の利益 ……………… *196*
起算日 ……………………… *203*
期待権 ……………………… *192*
寄附行為 …………………… *62*
基本代理権 ………………… *178*
欺罔行為 …………………… *139*
強行規定 …………………… *108*
共同代理 …………………… *161*
強迫 ………………………… *138*

業務執行権 ………………… *64*
虚偽表示 …………………… *124*
居所 ………………………… *44*
禁治産 ……………………… *26*
金銭 ………………………… *86*
区分所有 …………………… *83*
組合 ………………………… *57*
クーリング・オフ ………… *98*
契約 ………………………… *96*
　──の自由 ……………… *2*
現実売買 …………………… *146*
原始的不能 ………………… *100*
顕名主義 …………………… *166*
権利外観保護法理 …… *125, 181*
権利失効 …………………… *5*
　──の原則 ……………… *210*
権利能力 …………………… *10*
　──なき財団 …………… *76*
　──の始期 ……………… *11*
　──の終期 ……………… *13*
　──の消滅 ……………… *11*
　──の制限 ……………… *13*
権利能力・行為能力制限説 … *69*
権利の濫用 ………………… *6*
行為能力 …………………… *18*
公益事業 …………………… *61*
公益法人 …………………… *56*
公共の福祉の原則 ………… *7*
後見開始の審判 …………… *28*
公示による意思表示 ……… *149*
公序良俗違反 ……………… *100*
公信力 ………………… *126, 141*
合同行為 …………………… *97*
後発的不能 ………………… *100*
抗弁権の永久性 …………… *209*

事項索引

個人財産権尊重の原則	16
子の監護教育	21

さ行

債権行為	97
催告権	38, 172
財産管理	46
財団法人	55
財物	82
詐欺	138
錯誤	132
動機の——	134
内容の——	132
表示上の——	132
要素の——	133
シカーネ	6
時効	
——の援用	231
——の進行	219
——の遡及効	216, 230
——の中断	224
——の停止	228
時効援用権の喪失	234
時効援用権の放棄	225
時効学説	208
時効期間	220
時効制度	206
時効利益の放棄	233
自己契約	161
自己責任の原則	16
自主占有	212
事情変更の原則	5, 137
自然債務	121
自然的計算法	202
失踪宣告	46
私的自治の原則	16
社員権	65
社員総会	65
社団法人	55
住所	42
従物	90
住民登録	43
授権行為	158
受働代理	155
取得時効	206, 212
主物	90
準禁治産	26
準物権行為	97
準法律行為	96
条件	192
情報提供義務	137
消滅時効	206, 218
除斥期間	209
所有権絶対	2
信義誠実	4
信義則	4
新権原	213
心神耗弱	26
心神喪失	26
心裡留保	118
制限能力者	38
——の詐術	39
成年後見監督人	28
成年後見制度	26
成年後見登記制度	36
成年後見人の職務権限	28
成年被後見人	27
設立登記	66
善意	125
——の第三者	119, 126, 140
善意取得制度	127
善意占有者	93
全部露出説	11
双方代理	161
遡及効	140, 187
即時取得制度	127

た行

対抗要件 ……………………………… *129*
胎　児 ………………………………… *12*
代表権 ………………………………… *66*
代　理 ………………………………… *154*
代理権制限説 ………………………… *71*
代理権の消滅原因 …………………… *164*
代理行為 ……………………………… *166*
　　──の瑕疵 ……………………… *167*
　　──の効果 ……………………… *168*
他主占有 ……………………………… *213*
脱法行為 ……………………………… *108*
建　物 ………………………………… *86*
短期取得時効 ………………… *207, 215*
単独行為 ……………………………… *96*
　　──の無権代理 ……………… *172*
単独行為説 …………………………… *159*
地位の混同 …………………………… *174*
中間法人 ……………………………… *56*
長期取得時効 ………………………… *215*
追　認 ………………………………… *185*
　　──の遡及効 ………………… *171*
追認拒絶 ……………………………… *172*
追認権 ………………………………… *171*
定　款 ………………………………… *61*
定期金債権 …………………………… *220*
定型的供給契約 ……………………… *99*
停止期限 ……………………………… *196*
停止条件 ……………………………… *192*
撤　回 ………………………………… *186*
転得者 ………………………………… *128*
天然果実 ……………………………… *92*
登　記 ………………………………… *124*
登記簿 ………………………………… *124*
同時死亡の推定 ……………………… *50*
到達主義 ……………………………… *146*
特別失踪 ……………………………… *48*

特別法上の法人 ……………………… *56*
取　消 ………………………………… *186*
取締規定 ……………………………… *109*

な行

内心的効果意思 ……………………… *114*
二重の故意 …………………………… *138*
任意規定 ……………………………… *108*
任意後見制度 ………………………… *34*
任意代理 ……………………………… *155*
任意的記載事項 ……………………… *61*
認識可能性 …………………………… *135*
年齢の修正 …………………………… *23*
能働代理 ……………………………… *155*

は行

白紙委任状 …………………………… *177*
破綻主義 ……………………………… *5*
発信主義 ……………………………… *146*
必要的記載事項 ……………………… *61*
被保佐人 ……………………………… *29*
表見代理 ……………………… *170, 176*
表見法理 ……………………………… *125*
表示主義 ……………………………… *117*
表示上の効果意思 …………………… *118*
表題部 ………………………………… *87*
不確定期限 …………………………… *196*
復代理 ………………………………… *158*
復代理権の消滅原因 ………………… *164*
復任権 ………………………………… *162*
普通失踪 ……………………………… *48*
物権行為 ……………………………… *97*
不動産 ………………………………… *86*
不能条件 ……………………………… *193*
不法原因給付 ………………………… *103*
不法行為責任 ………………………… *74*
不法条件 ……………………………… *193*
変更登記 ……………………………… *66*

事項索引

法　人
　　――の機関 ……………………… 64
　　――の権利能力 ………………… 68
　　――の行為能力 ………………… 69
法人格否認の法理 …………………… 58
法人擬制 ……………………………… 54
法人実在説 …………………………… 55
法人否認説 …………………………… 55
法人法定主義 ………………………… 60
法定果実 ……………………………… 92
法定条件 ……………………………… 192
法定代理 ……………………………… 155
法定代理人 …………………………… 21
法廷中断 ……………………………… 224
法定追認 ……………………………… 187
法律効果 ………………………… 96, 112
法律事実 ……………………………… 113
法律要件 ………………………… 96, 112
保護補完者 …………………………… 21
補助開始の審判 ……………………… 33
補助制度 ……………………………… 32
補助人の選任 ………………………… 33
本　籍 ………………………………… 43
本人のためにする意思 ……………… 167

ま行

未成年者 ……………………………… 20

未成年者制度 ………………………… 20
身分行為 ……………………………… 120
無過失責任 …………………………… 173
無過失責任主義 ……………………… 3
無記名債権 …………………………… 88
無権代理 ……………………………… 170
無　効 ………………………………… 184
無名契約説 …………………………… 159
物の分類 ……………………………… 83

や行

有責主義 ……………………………… 5
有体物 ………………………………… 82
要件事実 ……………………………… 119
要保護財産の管理 …………………… 47

ら行

利益相反 ……………………………… 65
利害関係人 …………………………… 47
履行期限 ……………………………… 196
理　事 ………………………………… 64
　　――の個人的責任 ………………… 74
利息の天引 …………………………… 108
立　木 ………………………………… 87
類推適用 ……………………………… 120
暦法的計算法 ………………………… 202

ケイスメソッド 民法 I 総則
2001年4月25日　第1版第1刷発行
2004年4月5日　第1版第2刷発行

©著者　上　條　　　醇
　　　　舘　　　幸　嗣
　　　　大　窪　　　代
　　　　湯　川　益　英
　　　　工　藤　　　農

発行　不　磨　書　房
〒113-0033 東京都文京区本郷6-2-9-302
TEL(03)3813-7199／FAX(03)3813-7104

発売　㈱信　山　社
〒113-0033 東京都文京区本郷6-2-9-102
TEL(03)3818-1019／FAX(03)3818-0344

制作・編集工房 INABA　　印刷・製本／松澤印刷
2004, Printed in Japan

ISBN4-7972-9282-2 C3332

不磨書房

日本の人権／世界の人権　横田洋三著（中央大学教授）　■ 1,600円（税別）

戒能民江 著（お茶の水女子大学教授）　　山川菊栄賞受賞
ドメスティック・バイオレンス　　本体 3,200円（税別）

マッキノンと語る　◆ポルノグラフィと売買春
キャサリン・マッキノン／ポルノ・買春問題研究会編　四六変　■ 1,500円（税別）

ケイスメソッド **民　法　Ⅰ　総則**　9282-2　【法学検定試験対応テキスト】
　　上條醇（山梨学院大学）／工藤農（東北福祉大学）／舘幸嗣（中央学院大学）
　　湯川益英（山梨学院大学）／大窪久代（近畿大学短期大学部）　■ 本体 2,000円（税別）

ケイスメソッド **民　法　Ⅱ　物権法**　9284-9　■ 本体 2,000円（税別）
　　上條醇（山梨学院大学）／工藤農／舘幸嗣／湯川益英／大窪久代
　　伊野琢彦（山梨学院大学）／小林秀年（東洋大学）

ケイスメソッド **刑法総論**　　船山泰範（日本大学）／清水洋雄（秋田経済法科大学）
ケイスメソッド **刑法各論**　　中村雄一（秋田経済法科大学）編　各 2,000円（税別）

〜〜〜〜〜〜〜〜〜〜　導入対話　シリーズ　〜〜〜〜〜〜〜〜〜〜

導入対話による**民法講義（総則）【新版】**　9070-6　■ 2,900円（税別）
導入対話による**民法講義（物権法）【新版】**　9104-4　■ 2,900円（税別）
導入対話による**民法講義（債権総論）**　9213-X　■ 2,600円（税別）
導入対話による**刑法講義（総論）【第2版】**　9083-8　■ 2,800円（税別）
導入対話による**刑法講義（各論）**　★近刊　9262-8　予価 2,800円（税別）
導入対話による**刑事政策講義**　土井政和ほか　9218-0　予価 2,800円（税別）
導入対話による**商法講義（総則・商行為法）【第2版】**　9084-6　■ 2,800円（税別）
導入対話による**国際法講義【第2版】**　廣部・荒木　9091-8　■ 3,200円（税別）
導入対話による**医事法講義**　佐藤司ほか　9269-5　■ 2,700円（税別）
導入対話による**ジェンダー法学**　浅倉むつ子監修　9268-7　■ 2,400円（税別）